本場の味が出せる

シャルキュトリーの本格技術

Charcuterie

シャルキュトリー　リンデンバーム

吉田　英明
Hideaki Yoshida

はじめに

シャルキュトリーcharcuterieとは食肉加工品全般を指すフランス語です。ソーセージ、ハム、ベーコン、パテ、テリーヌもそうですが、総括的な意味では焼豚もシャルキュトリーの一つです。

シャルキュトリーの語源はフランス語のchair（肉）とcuite（加熱）からきているという説があり、またソーセージは英語のsauce（塩水）とage（熟成）からきているという説や、ラテン語のsalsus（塩漬け）からきているという説もあります。このようにいろいろな国の言葉に源があることからも、食肉加工品は古くから各地で自然発生的に作られ、食べられていたことがわかります。もちろん、ドイツにもイタリアにもスペインにも、それぞれに独自の言葉があります。

歴史をひもとくと、今から約3500年前にはエジプトや中近東で食べられていたとか、約3000年前のギリシャでは市場で売られていたとか、オデュッセイアという古代ギリシャの本には「ヤギの胃袋に脂と血を詰めて焼いたもの」という今でいうブーダンのようなものが記述としてあり、興味深いものがあります。

ブーダン一つとっても、本来、動物の血液を動物の内臓を袋にして詰めて、残さずいただこうとした発想だと思うのですが、フランスではこれにりんごやほうれん草、くるみ、豚の頭が混ぜ込まれたり、スペインでは米、アイルランドではオートミールなどが入り、同じ姿形であっても各国々の気候や風土、民族性に沿ったさまざまな材料で独創的な加工品へと発展しています。

加工肉の本場ヨーロッパで修行していたとき、「tail to nose（尻尾から鼻先まで）」とか「一片の肉も無駄にするな」といったことを習いました。昔は貧しかったからと言ってしまえばそれまでですが、動物一頭を部位ごとに美味しく食べ分ける工夫、あるいは保存期間を調整して食べつなぐ知恵、命を大事に思う姿勢など、現代の日本でも忘れてはいけない人間の原点がこの仕事には凝縮されていると思います。

この本では、主にフランスとドイツの技術に沿って作っていきますが、同じソーセージやサラミでも製法や考え方に相反するものがあって戸惑います。ですが、それこそが文化だと受け止め、ここでは自分なりに解釈してお伝えしようと思います。

ちなみに日本は歴史的に、肉がしっかり結着して、口に入れると肉汁がはじけ出るようなドイツソーセージの技術をベースにしてきました。私自身もそこから勉強を進めたのでフランス式やイタリア式にとりかかると、なかなかしっくりこない思いを抱えていました。でも、パテやテリーヌを作っていくなかで、加工肉にもさまざまな考え方があってよいのではと思うようになってきたのです。

とはいえ、ソーセージの基本である「結着」という現象を私が本当にわかったと思えたのは、毎日ソーセージを作るということを10年近く続けて、近年やっとです。そして「結着」一つでも理解し、コントロールできるようになると、自分の思う美味しさの表現の幅が広がることを実感しました。

この本は、シャルキュトリーを作ってみたい人が「安全に」「比較的容易に作れるように」書いています。もちろん美味しくなくてはなりませんから、すべての製品について同一品目を複数のレシピで試作して、その中で一番美味しいと思ったレシピを作りやすく改良して、渡欧経験のない人でもわかるように書いたつもりです。

さらにテリーヌ・ド・カンパーニュやブーダンなど伝統的なものや、その名を名乗るうえで課せられた決まりがあるようなものは、それらの基準を満たしたものとして作っています。いわば基本のレシピです。基本はやさしく見えますし、アレンジもしやすいのですが、一度はここに紹介した基本のレシピで作ってみてください。

本場の味を出すために、まずはこの本で基本の知識を吸収してください。そしてそのうえで自分のオリジナリティーを発展させる楽しさを、ぜひ味わってほしいと思います。

contents

- 4 　はじめに

11　知 識 編

- 12　I　美味しく作るための材料選び
- 28　II　道具を使いこなす
- 38　III　理解して、マスターしたい食肉加工の技術

- 45　この本の注意点

47　実 践 編

第1章　48　生ソーセージ

- 50　シェール・ア・ソーシス　*Chair à saucisse*
- 53　サルシッチャ　*Salciccia*
- 56　トゥールーズ・ソーセージ　*Saucisse de Toulouse*
- 59　チューリンガー・ブラート・ヴルスト　*Thuringer brat wurst*
- 62　ニュルンベルガー・ブラート・ヴルスト　*Nürnberger brat wurst*
- 66　ブティファラ・フレスカ　*Butifarra fresca*
- 69　メルゲーズ　*Merguez*

第2章　72　ソーセージ

- 74　セルヴラ・リヨネ（リヨン風セルヴラソーセージ）　*Cervelas Lyonais*
- 77　モンベリアール・ソーセージ　*Saucisse de Montbeliard*
- 80　ウインナー・ソーセージ　*Wiener würstchen*
  - 83　［フードプロセッサー使用の場合］

本場の味が出せる　シャルキュトリーの本格技術

84　粗挽きウインナーⅠ（ボック・ヴルスト）　*Bock wurst*
87　粗挽きウインナーⅡ（クラカウアー）　*Krakauer*
90　ヴァイスヴルスト　*Weißwurst*
94　ブーダン・ブラン　*Boudin blanc*
97　ブーダン・ノワール　*Boudin noir*
100　アンドゥイエット・ド・カンパーニュ　*Andouillette de campagne*
104　アンドゥイエット・ア・ラ・フィセル　*Andouillette à la ficelle*
108　リオナ・ソーセージ（ソーシス・ド・ジャンボン）
　　　Saucisse de Lyon（*Saucisse de Jambon*）
112　コッホ・サラミ　*Koch salami*

114　**第3章　サラミ**

116　ペッパーバイザー　*Pfefferbeisser*
119　白カビサラミ　*Edelschinmmel*
122　チョリソー　*Chorizo*
125　◆日本で作るサラミの発酵と熟成について

126　**第4章　生ハム、ハム、ベーコン**

128　コッパ　*Coppa*
131　ジャンボン・ブラン（ハム　ボイルタイプ）　*Jambon blanc*
132　ジャンボン・フュメ（ハム　スモークタイプ）　*Jambon fumée*
136　パンチェッタ　*Pancetta*
137　ベーコン　*Bacon*
140　鴨の生ハム　*Magret de canard　séché*
141　鴨のスモーク　*Magret de canard　fumée*

contents

146	**第5章** リエット、コンフィ	

- 146 リエット・ド・ポール　*Rillettes de porc*
  - 148 ［リエットをきめ細かく仕上げる方法］
- 149 鴨のコンフィ　*Confit de canard*
- 152 リエット　白ワイン風味　*Rillettes de Tours*
- 155 プルド・ポーク　*Pulled pork*

158	**第6章** レバーペースト	

- 160 チキンレバーのムース　*Mousse de foie de volaille*
- 163 フォアグラと鴨レバーのムース　*Mousse de foie-gras et foie de canard*
- 166 レバー・ヴルスト　*Leber wurst*

158	**第7章** ゼリー寄せ	

- 172 コンビーフ　*Corned beef*
- 175 ジャンボン・ペルシエ　*Jambon persillé*
- 178 ペルシエ・ド・ブルゴーニュ　*Persillé de Bourgogne*
- 181 フロマージュ・ド・テット　*Fromage de tête*
  - 184 ［豚の頭1個分を使いきれないときは…］

本場の味が出せる　シャルキュトリーの本格技術

186	**第8章** テリーヌ、パテ、ガランティーヌ、バロティーヌ
188	テリーヌ・ド・カンパーニュ　*Terrine de campagne*
192	テリーヌ・ド・グランメール　*Terrine de grand-mère*
196	フォアグラのテリーヌ　*Terrine de foie-gras*
198	［フォアグラのテリーヌの仕上がり温度について］
199	若鶏のテリーヌ　*Terrine de poulet*
202	うさぎのテリーヌ　*Terrine de lapin*
207	豚のガランティーヌ　*Galantine de porc*
212	鴨のバロティーヌ　*Ballotine de canard*
217	◆ガチョウの首の詰め物　*Cou d'oie farci*
218	パテ・アン・クルート　*Pâté en croute*
221	［コンソメゼリー液の温度とタイミング］
222	オロール風パテ・アン・クルート　*L'oreiller de la Belle Aurore*

- 228 ●パートブリゼ（練りパイ生地）の作り方
- 229 ●ファルス・ア・グラタンの作り方
- 230 ●コンソメゼリー液の作り方
- 232 本書で示したポイント温度

- 238 おわりに
- 239 参考資料

シャルキュトリーの本格技術

知識編

・・・・・・・・・・・・・・・・

I 美味しく作るための材料選び

原料肉

鮮度が第一優先です

　肉は、可能な限り新鮮なものを準備してください。新しい肉は菌汚染や変敗のリスクが低く、また食肉加工に必要な塩溶性タンパク質も十分にあります。新鮮なものなら使用用途によってすぐ使うとか、少し熟成させてからとかのコントロールもできます。

　シャルキュトリーで最もよく使われるのは豚肉ですが、ただ豚と言っても「品種」や「銘柄（ブランド）」が気になるところです。

　日本で飼育されている豚の品種はランドレース種、中ヨークシャー種、大ヨークシャー種、デュロック種、バークシャー種等が主だったところですが、いま多く育てられているのはそれらから三種類の豚をかけ合わせて作られた「三元豚」です。これは単品種の短所を別の種の長所で補うべく掛け合わせて一代限りの雑種として作られ食用にされている豚で、日本市場でいま人気なのはこの三元豚です。

　一方、銘柄（ブランド）豚は、それらの品種豚や三元豚を、餌や飼育方法にこだわって飼育した豚です。これは主にテーブルミート（市販の食肉）として作られているため肉質もよく、脂肪も程よくのっていて美味しいので、ハムやベーコン、サルシッチャ等、肉の風味が製品に直接関わってくるものに向いています。

　ただ、昨今の日本では、志を持ってがんばる生産者の三元豚も多く流通し、そうなると、コストバランスも鮮度も良いはずです。最も大切なポイントは、銘柄より鮮度のよい肉（−2〜+3℃の間で温度管理された屠畜後5日内の肉）を使用することです。

部位の特徴を知って、使い分けます

　ところで、一頭の豚には様々な部位の肉と脂があり、それぞれ風味や食感、脂肪の融点など特徴が違います。加工肉の製造では、それらを選別してブレンドすることで味わいや食感を作り出していきます。

　ドイツではGEHA式という肉の選別方法があって理解するととても便利ですが、ちょっと複雑なため、この本ではフランスやイタリアでとられている簡便な選別方法で進めます。

　本書の各レシピ配合に書かれている肉は、右記の基準にのっとっていますので、このページを参考にしてください。

　なお、それぞれのフランス、ドイツでの表現と、豚のどの部分にあたる肉かを写真で示しました（P.14参照）。

主にソーセージやテリーヌ等は下記6種類で組み立てていきます。

豚赤身肉Ⅰ
豚バラ肉Ⅰ
豚硬脂肪
豚赤身肉Ⅱ
豚バラ肉Ⅱ
豚柔脂肪

	本書での表現	特徴	フランス式	ドイツ式
	豚赤身肉Ⅰ	模様出し用の肉。脂肪、筋はほぼない。	Maigre 1	S1、S2
	豚赤身肉Ⅱ	挽き材。脂肪、筋は少ない。脂10％。	Maigre 2	S3
	豚バラ肉Ⅰ	バラ肉。脂少な目、脂30％。	Maigre 3	S4
	豚バラ肉Ⅱ	バラ肉。脂多目、脂50％。	Gorge	S5、S6
	豚硬脂肪	硬い脂肪。	Gras dur	S7、S8
	豚柔脂肪	バラ肉の先端部の柔らかい部分。ウデ脂、背脂、モモの一部の脂。	Mouille	S10

知識編Ⅰ　美味しく作るための材料選び

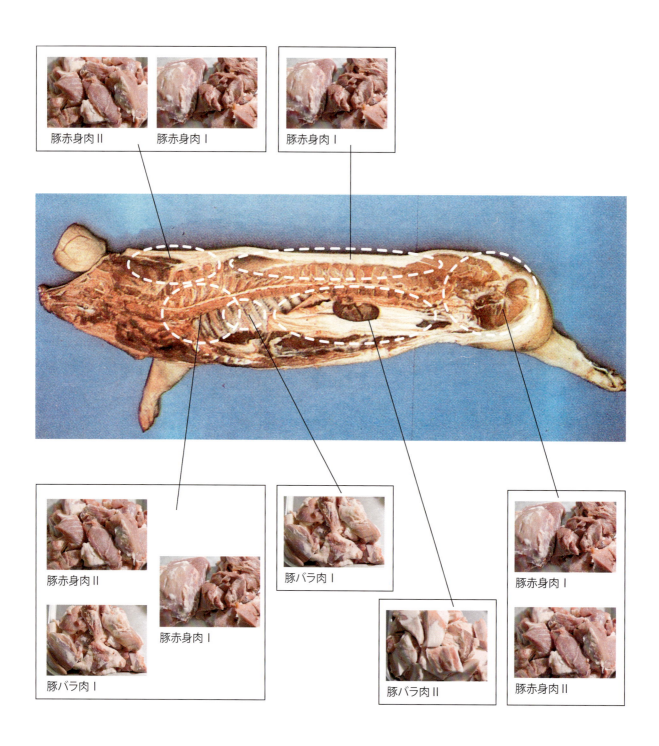
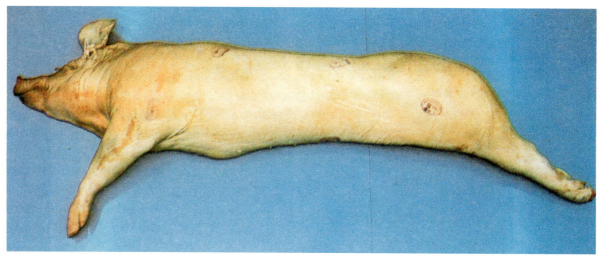

ソーセージやテリーヌを作るときに最もよく使われるのは、豚ウデ肉です。個体差はあるものの、さきの6種の肉はほぼこのウデ肉一帯にあり、あとは少しバラ肉を足したり赤身肉を足す、といったことでソーセージやテリーヌを作ることができます。

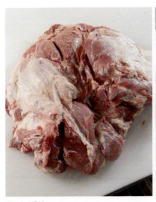 

豚ウデ肉　　　豚モモ肉

　一方、豚モモ肉や豚肩ロース肉は生ハムやハムに加工されます。水分が抜けやすいため、好んでサラミに使う人もいますが、このあたりの肉は筋繊維が太く大味で、ソーセージやテリーヌにすると食感や風味が物足りません。また豚モモ肉の脂は融点が低く、脂の質も加工向きではないので、使う脂が足りないときに補い足す程度がよいと思います。

　何度か作っていると肉の状態がわかるようになり、赤身肉にも、白っぽいものもあれば赤っぽいものもあることがわかるようになります。そしてリオナ・ソーセージ(P.108)やテリーヌ等の模様として入れるときは色の濃い赤っぽい赤身肉を使い、ファルスに入れるならコントラストを出すために白っぽい赤身肉を使う、などときれいな見せ方もわかってきます。

　脂も個体差があって、同じ部位でも融点が低かったり高かったり、旨味があったりなかったりしますが、一つ一つ経験を重ねていくことが大切です。

肉質基準には、世界的な共通表現があります

　肉質の選別にはPSE、DFD、RFNという基準があります。

　「PSE」はPale(色が淡く)、Soft(やわらかく)、Exudative(滲出性のある)の頭文字を取ったものですが、日本ではフケ肉ともいわれ、保水力や結着力が弱く、加工しても歩留まりも食感もよくありません。

　その逆が「DFD」で、Dark(色が濃く)、Firm(肉質がしまって)、Dry(乾燥気味)で見た目はよくありませんが、保水力や結着力は良いので、正常な肉と混ぜて使います。

　理想的な肉は「RFN」です。これはRed(赤く)、Firm(肉質がしまって)、Non exudative(滲出のない)となっています。

　この3つの表現は本書では使いませんでしたが、覚えておくと、きっと役に立ちます。

その他の肉

シャルキュトリーには豚だけではなく、牛、羊、鴨、うさぎやジビエなど様々な種類の食肉もバリエーション豊かに使用されます。

それらは、その種類の肉だけでシャルキュトリーを作ることもありますが、多くの場合は豚肉やその他の肉と合わせて使われます。というのも、そうすることでクセのある風味が和らぎ、風味豊かなシャルキュトリーにすることができるからです。

近年では害獣駆除のジビエ(鹿、猪等)の利活用に注目が集まっていますが、クセのあるこれらの肉をシャルキュトリーの知識と技術でクセを風味に変え、美味しくすることもできます。クセがあるから、さらに強い味で臭みを消すのではなく、そのクセを風味に変える工夫を試してください。

美味しく食べることで、命を提供してくれた動物への感謝になると思います。

塩

塩は、食肉加工にとって大切な構成要素で、いろいろな役割を持っています。塩味を含めた風味付け、脱水、保水、結着、乳化、保存、菌の抑制等のどのためにも欠かすことのできない材料です。

塩には様々なものがありますが、主要な成分は塩味を呈する塩化ナトリウム(NaCl)です。風味の違いが語られるのは、塩粒の大小や形状(フレーク状、粒状、粉状)で溶け方が異なるため、味の感じ方や食感がかわるということが大きいようです。

食肉加工で塩に求めるものは塩化ナトリウム(NaCl)の量ですから、パッケージの表示を見てまずこの量を確認して使用してください。私はふだん、塩化ナトリウム(NaCl)が98％以上のドイツ製の岩塩を使っていますが、にがりの含有量が多い塩などを使いたい場合、塩化ナトリウム(NaCl)含有量が一般的に90％くらいになってしまうので、その場合はレシピの塩の量を1.1倍にするなどの工夫が必要です。

一般的にドイツでは岩塩を、フランス、イタリアでは海塩を使うことが多いようですが、とりたてて風味に影響を及ぼす違いを感じることはないので、日本でも好みの塩を使えばよいと思います。

塩は添加物というより食品なので使用上限はありませんが、塩味の濃さや健康のことを考え年々使用量が少なくなっています。とはいえ極端に減らすと冒頭に書いたような塩の重要な働きが望めなくなりますので、様子を見て加減してください。

サラミや生ハムなどは、食品衛生法上、1000gの肉に対して塩を3％以上使うことが義務付けられていますから気をつけてください。

発色剤

発色剤を使用する理由

　発色剤として認められている食品添加物には、亜硝酸ナトリウムと硝酸カリウム、硝酸ナトリウムの3種類がありますが、この本では亜硝酸ナトリウムを使用します。ただし、亜硝酸ナトリウムをそのまま扱うのではなく、「NPS」という希釈塩にして使います。

　発色剤を使うメリットは、肉の持っている色素そのものの発色を促し、肉色を美しいピンク色に固定してくれるだけでなく、脂質の酸化も防止してくれることです。さらに何よりも大切なのは、非常に強い毒性を持つボツリヌス菌や大腸菌のO-157の増殖を抑制してくれ、またキュアリングフレーバーといわれるハム、ソーセージ独特の好ましい香りや風味を出す効果や、獣肉臭を矯生してくれる矯味効果もあることです。メリットはデメリットを十分補って余りあります。

　ただ、唯一のデメリットとして、亜硝酸ナトリウムは毒性が強く、過度に長期間摂取すると健康被害を起こすことが報告されています。しかし、科学的な論拠をもとに適切な規定量（使用量そのものの基準はなく、食品衛生法では残存量が70ppm以下、つまり70mg/kgであることと決められています）を守ることによって危険を避けることができます。

　また、注意してほしいのは、食品衛生法では発色剤はトンカツ材料、味付生肉、生ハンバーグのような半製品には使えないことになっているので、本章でも第1章の生ソーセージには使っていません。ハム、ソーセージ、ベーコン、そのほかこれらに類する「食肉製品」にのみ、使えます。

「食肉製品」の製造販売には、専用の許可が必要です

　肉を使った製品を家庭やレストランが自家用に作るのは自由です。しかし、肉が50%以上含まれるものを加熱、あるいは同等の処理等を行ったものは「食肉製品」となり、これを単体で持ち帰り用に売ることには食肉製品製造業の許可が必要です。

　したがって、レストランで美味しかったからと「自家製ソーセージ」それだけをお土産に購入して行くとか、パン屋さんが「自家製ハム」をサンドイッチにどうぞと、それだけで売ったりすることはできない、ということです。

　でも、それらを皿に盛り付けてレストランのサラダの一素材として出す、あるいはパンに挟んでサンドイッチという商品にして販売する、といった「加工提供」であればかまいません。

　「発色剤」など添加物の使用・不使用も含め、販売には食品衛生法上の細かな取り決めがあります。食肉製品を製造して販売することに関しては、各自治体の保健所が管轄しています。詳しいことを知りたい方は、所管の保健所に相談してください。

本書では、発色剤は希釈塩「NPS」にして使用しています

　本書では、第1章以外のすべての章で、亜硝酸ナトリウムを食塩で薄めた（混合した）「NPS（Nitritpökelsalz）」という材料名で使用しています（全製品に使用しているわけではありません）。これは下記に書いた分量で調合できます。

　というのも、本来、発色剤製剤は1kgの肉に対して1〜2g程度しか使いません。それを毎回肉の量に合わせて量るのは大変ですし、計量誤差も大きくなりがちです。ヨーロッパでは通常、塩で薄めた希釈塩「NPS」の状態で販売されています。

　日本でも食塩と混合したものは販売されていますが、ヨーロッパのNPSに比べて濃度が高いので、以下のように調合し、薄めて使ってください。

発色剤の使用方法

発色剤製剤＊を食塩で10倍に薄めたものを「NPS」として、1000gの肉に対して10〜20g添加する。

NPSの作り方

[配合]

発色剤製剤＊（亜硝酸ナトリウム10％含有）…100g

食塩（粒子の細かいもの）…900g

ナツメグまたはオールスパイス…10g

　以上を、均一に混ぜ合わせる。（亜硝酸ナトリウムは1％になる。）

※ナツメグやオールスパイスは、肉や他のスパイスとも相性が良く、見た目や香りで食塩と区別しやすくなるので事故を防ぐために加える。

日本で流通している発色剤製剤（亜硝酸ナトリウム10％含有）

　なお、本書の各レシピは、上記の調合をもとにした「NPS」を使用し、表示の量で亜硝酸ナトリウムの残存根は70ppm以下になります。上記をよく読み、理解して使ってください。

必要な発色剤（食品添加物）は、プロとして使います
NPSを使わず、同量の塩に置き換えても作れます

　ソーセージもハム、ベーコンも、発色剤無添加で作ることはできますが、本書ではあえて発色剤を使っています。あくまでも無添加にこだわる、あるいは諸事情でNPSを使えない場合は、本書のレシピでNPSを同量の食塩に置き換えればそのまま作れます。本書のレシピにも「NPSまたは食塩」という書き方にしています。

　レストランなどその場で出来立てを消費する場合は、フランスでも日本でも「食塩のみ」が多いかもしれません。しかし、本場の味を本格的に再現するとき、発色剤は必要不可欠というのが、本場で研修し、諸外国を視察し、日本で10年やってきた私の実感であり、主張です。ひとつの完成された食品としての色や香り、そして何より安全性に責任を持ちたいのです。

　本書では、使用量にも万全の配慮をしたうえで味わいも本格派のものを紹介しています。ぜひ正しく理解して、本場の美味しさを再現してみてください。

そのほかの発色剤

　ところで、発色剤として硝酸ナトリウムが使われることもあります。ただ、発色剤としての効果は、硝酸ナトリウムが硝酸還元菌の働きで亜硝酸に還元されてからなので、効果を得るまでは一定期間待たなければならず、また、その還元される過程もいまだはっきりと解明されておらず、したがって残存量も計算できないので私はおすすめしません。

　ほかにも、野菜エキスをベースにした亜硝酸ナトリウムの代替品がありますが、結局は野菜エキスに含まれる亜硝酸塩の還元作用を利用するのでメリットもデメリットも同じです。

代替品の例（ベジテーブル）

発色補助剤も有効に使います

　亜硝酸ナトリウムを使用するときは、発色補助剤としてアスコルビン酸(ビタミンC)を添加します。NPSの中に含まれる亜硝酸ナトリウムの4倍量のアスコルビン酸を加えることで分子量が釣り合い、発色が促進されるからです。

　通常、肉1000gに対してアスコルビン酸1g(やや多目ですが)を便宜的に添加するとその割合になり、酸化防止剤として発色還元が促されて亜硝酸塩の残存根も少なくなります。

アスコルビン酸(ビタミンC)ナトリウム

代替品について

　余談ですが、岩塩を発色剤の代わりにする話をよく聞きます。しかし、そもそも食品として流通している岩塩には硝酸ナトリウムも硝酸カリウムも含まれていません。

　もう一つ、玉ねぎやパセリには化学肥料として与えられた残りが硝酸塩として残存していることがあり、それらが化学反応して亜硝酸塩に変化することで肉が発色することがある、ということも知っておいてください。十分加熱しているはずのハンバーグの中がピンクなのはこの発色作用のせいです。かといって、この発色反応は不安定で再現性が低いので頼らないほうがよいです。

　また勘違いされていることが多いのですが、砂糖もアスコルビン酸(ビタミンC)も発色はしません。砂糖はあくまでも硝酸還元菌の餌であり、アスコルビン酸は発色還元を促進するだけです。

つなぎ

つなぎは、大きく以下の3つのグループに分けられます。

1) リン酸塩（食品添加物）
2) タンパク質を主とするもので、種類としてはカゼイン、ホエー加工物、コラーゲン、レバー、卵、血液など
3) 澱粉

リン酸塩について

リン酸塩にはピロリン酸四ナトリウム、ポリリン酸ナトリウム、メタリン酸ナトリウムなどがあり、どれも結着補強剤といわれる食品添加物です。使用条件も使用量の上限もありませんが、これを使うことで、ソーセージはパリンと歯切れのよい食感が得られます。これを塩だけで作ると食感はもそっとして全く別物のソーセージになってしまいます。

というのも、肉に含まれる塩溶性タンパク質のミオシンとアクチンは、と殺後の時間の経過やその他の理由によってアクトミオシンとなって結着力を失うのですが、上記のようなリン酸塩を加えることによりもとのアクチンとミオシンに還元され、再び高い結着力と保水力を取り戻すからなのです。

ビタミンCの加工品で代用できるものもありますが、経済的に考えると非現実的です。

リン酸塩

タンパク質、および澱粉について

　タンパク質と澱粉は、肉と肉の隙間を埋めて架橋構造を作ることで、まさしく結着剤となるものです。ただし、肉と同様にこれらも熱変性をしてこそ役割を果たすので、加熱しなければ用を足しません。

　まず、2)の卵やレバーは乳化作用を有する成分レシチン(リン脂質)やリポタンパク質を持っていて、またホエー加工物も乳化力を持つ製品があります。ただ、乳化剤として使用するかつなぎとして使用するかは、製品の内容と作業工程を理解して使い分けなくてはいけません。使い方次第で全く違う製品となります。

　3)の澱粉は、食肉加工では主に馬鈴薯澱粉を使います。

　料理に使うコンスターチは70〜72℃で糊化しますが、長時間高温での加熱が必要です。一方、馬鈴薯澱粉は糊化温度が60〜65℃で、食肉加工の低めの加熱温度でも粘度の高い糊を得られるため、一般的にはこれを使います。使用量は通常、2〜5％です。

　その他にも海藻を乾燥したものや大豆タンパク等いろいろありますが、一般的なのは上記のものになります。

糖

　糖には多くの種類があり、それぞれ分子構造が違います。どれも甘味を感じるという点では一緒ですが、機能や役割が違うので、それぞれの糖の内容を理解して用途別に使い分ける必要があります。

　砂糖(ショ糖)は主に風味付けに使われ、甘味を加えます。食塩と併用してスイカの甘味を際だたせるような対比効果や、風味をまろやかにして塩角を抑える抑制効果、食塩を使っての脱水や保水効果の補助としても使います。

　水飴やトレハロースは甘味度は低いものの、水分を抱きかかえる性質があるため、保水と甘味のために使用します。

　糖類は、主にサラミを作るときに活躍する乳酸菌や、硝酸を亜硝酸塩にして発色効果を出させる硝酸還元菌など、菌類の餌として添加します。砂糖では分子量が大きいため、すぐに食べられる単糖のブドウ糖を餌とするのです。逆に長期間の塩漬を目的として硝酸カリウムを発色剤に併用した場合には砂糖(ショ糖)を選びます。硝酸還元菌は時間をかけ二糖類の砂糖を分解しながら餌としていきます。

　また、ブドウ糖や水飴は、糖が肉のタンパク質と反応して褐色になるメイラード反応が進みやすいため、焼豚などに使用することもあります。

スパイス

　スパイスはフレッシュなものやドライのものを刻んだり、砕いたり、あるいは水や油に香りや成分を抽出して使います。

　香りや風味付け、保存、抗菌と様々な目的のために使用されますが、温度、湿気、光等で酸化したり変質したりします。またカビや一般生菌、芽胞菌が付着している心配もあり、保存や使用には注意が必要です。

　これらの問題を解決する一つの案として、食肉加工用のスパイスを作っているメーカーに、香りや風味のエッセンスをデンプン糖に吸着させたコーティングスパイスというものがあります。単種のスパイスもありますが、作りたい食肉加工品それぞれ用にブレンドしたミックススパイスもあります。品質も安定していて劣化もしにくく使い勝手がよく、おすすめです。

　ミックススパイスを使用すると製品に個性がなくなるという心配は無用です。使う肉も違いますし、機械も、また作る人も違いますから、同じスパイスを使ったとしても香りも味わいも全く違う製品となります。

　もちろん自家配合にこだわるのも一つです。その場合のおすすめは、それぞれのスパイスの鮮度にこだわってホールの状態で買い求め、保存して、鮮度に気をつけながら使う分をその都度グラインダーか乳鉢ですりつぶすことです。こうすれば香りもよく、酸化や劣化の心配もありません。

各加工肉製品用に調合されたミックススパイス

上段左から右へ　　メルゲーズ、クラカウアー、キャトルエピス
中段左から右へ　　ヴァイスブルスト、レモンパウダー
下段左から右へ　　アウフシュニット、ブラートブルスト、ウインナー

菌

　食品製造は、菌やウイルスをいかにコントロールするかが大きな課題です。

　菌には食中毒を引き起こす有害菌もあれば、サラミや生ハムを作ることを助ける有用菌もあり、菌の種類と性質を理解することが大切になります。

　例えばサラミは、塩を加え乾かすだけでは風味も酸味も出てきません。菌の力を借り、pHを下げることで酸味を出し、タンパク質をアミノ酸に分解することで旨味が出てくるのです。

　サラミに使われる菌は乳酸菌や特殊なブドウ球菌、表面用の菌として白カビ菌等が使われます。欧米では加えないこともありますが、そんな場合でも結果的にはその場所に棲んでいる菌を利用していることが多いようで、日本で言えば酒蔵の蔵つき酵母のようなものです。

　日本と欧米では気候風土も違うので、当然棲んでいる菌は大きく違います。

　都合よく優良菌がいればよいのですが、現実は有害菌のほうが多数です。野生の菌は有害なものや不快な風味になるものも多く、良い菌が定着するまでには時間も費用もかかります。

　熟成庫に白カビがついたチーズやサラミを置き、その白カビ菌を新しいサラミに付けることもできますが、白カビが付く前に黒カビ、青カビといった有害菌がつくことのほうが多く、失敗の原因となります。ですので、できることなら野生の菌に頼らず、純粋培養された菌を使うことをおすすめします。

乳酸菌

白カビ菌

酸味料、pH調整剤

　本書の中でGDLと表記しているものは、グルコノデルタラクトン（GDL）ともいわれる天然食品添加物で、ハム、ソーセージに使われるときには酸味料とかpH調整剤と表記されますが、豆腐やチーズでは凝固剤として、ビスケットやドーナツでは膨張剤としてよく使われているものです。

　GDLは水に触れることでグルコン酸に変化してpHを短時間で酸性に下げてくれます。乳酸菌だけでサラミのpHを落としていくのには温度管理をしながら1週間前後の時間が必要ですが、GDLを添加することで早く安全なpH領域にまで落としていくことができるというメリットがあります。

　ただ、GDLで作ったサラミは、酸味は出ますがアミノ酸が増えにくいので、美味しいサラミにするには乳酸菌と併用することが必要です。

　もちろん、乳酸菌を使わずGDLだけでサラミを作ることも可能で、その場合は熟成庫を必要としない簡略な方法で作ることができます。また、GDLは、肉を酸性にして保存性を高めることを第一の目的として使用することもあります。整理すると、以下のようになります。

サラミ作りの場合

	乳酸菌	GDL（3〜4g/kg使用）	
Aパターン	◎	なし	→ 最も一般的な作り方
Bパターン	◎	○	→ 早くpHが下がり、失敗なくできる
Cパターン	なし	◎	→ 熟成庫のない場合の方法 　旨味は少ないがサラミが作れる

酸味料、Ph調整剤

ケーシング

　ケーシングとは、肉で作った生地を入れる内装物のことです。平たく言うとソーセージなどの筒状の入れ物です。

　ケーシングは主に動物の内臓からとった天然ケーシングと、人工的に作った人工ケーシングの2種類があります。

　天然ケーシングは、豚、牛、羊等の腸、盲腸があり、太さも長さも動物の個体差もあるのでサイズがいろいろで、用途別に選びます。

　一般に流通しているものは塩漬けになっているので、水に戻して使います。一晩水に漬けるとか、使う10分前にぬるま湯につけるとか、人それぞれ主張がありますが、私は氷水で20分ほど戻して使用しています。

　また、天然腸が余ったときは、塩をまぶして水分をよく絞り、冷蔵しておくとしばらくは持ちます。ただし、一度水を通した腸は早めに使ってください。

　人工ケーシングにはソーセージやサラミ、生ハム用のコラーゲンでできた可食ケーシングのほかに、リオナ・ソーセージやハム、レバー・ヴルスト用のビニールやセルロースでできた不可食ケーシングがあります。

　それぞれピーリング性（肉からのはがれ具合）が良いものや、肉生地に食いつき（密着性）がよいもの、サラミや生ハムが縮んでいくときに一緒に縮んでいくものと、製品ごとにデザイン設計されています。

　なお、これらは、ぬるま湯に30分前後浸して使用します。

ケーシングの上手な使い分け方

　ソーセージの種類によっては、腸（ケーシング）の種類やサイズが、その国の文化的背景から常識、または決まりごととして指定されていることがあります。その場合はそれを優先することが大切ですが、指定されていない場合や、複数のサイズが指定されていれば好みのサイズでかまいません。

　ソーセージの腸の使い分けは、同じ生地を太さの違う腸に詰めて調理してみると、テクスチャーや風味の明らかな違いを感じると思います。何度か試してみると、自分の好みがはっきりすると思います。

左から羊腸、豚腸、牛腸を使用

人工ケーシング　可食のものと不可食のものがあります

コラーゲンケーシング
コラーゲンが原料なので食べられますが、天然腸より食感は劣ります

カラーケーシング
カラフルな色、柄が多彩にあります。本書ではレバー・ヴルストに使用しています

ファイブラスケーシング
どちらも食べられません。スモークタイプのハムに使います。上は小さな孔があいていて、空気が抜けるので詰めやすいのですが、空気汚染の心配や歩留まりの悪さが短所です。
下は孔が開いておらず、使うことの多いタイプです。
ただし、どちらもピーリング性や密着性は口頭で確認して購入しないと、外見では判断できません

天然ケーシング　基本的に食べられます

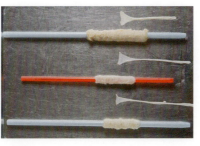

羊腸
やわらかいので、そのまま食べられます

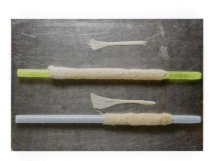

豚腸
比較的厚くて硬いので、茹でたときはむいて食べてもかまいません。焼くと裂けやすく、食べやすくなります

牛腸
厚いのでむいて食べることがほとんどです。ただし、サラミのときはそのまま食べます

牛の盲腸
牛腸同様、むいて食べますが、サラミのときはそのまま食べます

知識編 I　美味しく作るための材料選び

II 道具を使いこなす

ミートチョッパー（ミンサー、肉挽き機、ミンチ機）

　ミートチョッパーは非常に重要なので、ぜひこだわってほしい機材です。

　スタンドミキサー（卓上ミキサー）でもアタッチメントを取り換えることでミートチョッパーに代用できるものがあり、私もレストランをしていたときに使っていました。ただ、そのときのものは精度が悪かったのかパワーがなかったのか、肉は切れるのではなく潰れていました。そのような肉では当然、結着力は落ちてしまい、ソーセージも残念な仕上がりになります。

　ですから、ミートチョッパーでもスタンドミキサーでも、美味しい肉製品を作りたいならしっかり予算を割いて、よいものを買うべきだと思います。

　とはいえ、ミートチョッパーも道具なので、使い方によって挽き肉のクオリティーは変わります。大きな肉の塊を押し込むようなことをすると、スクリューの中で肉は必要以上に圧迫され、潰され、肉汁がにじみ出やすくなり、まるで練られたような状態となって出てきます。そうならないようにするためには、肉はスクリューの筒より一回り小さめに切り、一つずつ投入して挽いていくようにします。また摩擦熱で肉の温度がいたずらに上がらないように、ミートチョッパーを事前に冷やしておくと、いっそう状態の良い挽き肉が得られます。

　ミートチョッパーについている棒は、押し込むための棒ではなく、途中で引っかかった肉をそっと落とすためのツールです。決して力任せに肉を押し込まないようにしましょう。

　そして肉挽きの作業時は、決して手袋はしないこと。手や指で肉を押し込まないこと。どちらも大怪我のもとです。

ミートチョッパー

ミートチョッパーの出口にセットする「プレート」。穴の直径は3〜5mm、8〜10mm、13〜16mmの3種類があれば便利です。どの場合も十文字の刃が付きます

ミートミキサー、スタンドミキサー

　挽いた肉を調味料と合わせて撹拌し、練り加減を調整するために使います。

　ミートミキサーにも様々なタイプがありますが、どのタイプもそれぞれに一長一短があります。本書ではヨコ型のフードミキサーを使いましたが、タテ型（スタンドミキサー）もあります。

　ミートミキサーを使うメリットは、ボウルで手で混ぜるより肉が潰れない、温まらない、菌汚染しにくい、そして何より自分たちが疲れないことです。手で混ぜることもできますが、手を使うとどうしても体温が肉に伝わったり、肉が潰れたりします。したがって、もし、どうしてもボウルで混ぜるなら、指を立てて、あるいはしっかり混ぜるなら手は使わず、スパチュラやゴムベラで混ぜることをおすすめします。

　また、スタンドミキサーを使うなら、平面ビーター（三角形のもの）で、できるだけ低速で混ぜます。高速にすると肉が潰れるので要注意です。

　ところで、ミキサーといえど混ぜムラはできます。挽き肉の練り加減を確認する意味も含め、手で補助的に全体を混ぜてください。そのときは当然、必ずミキサーは止めてください。

フードミキサー（ヨコ型）　　　　　　　　スタンド（タテ型）ミキサー

サイレントカッター、フードプロセッサー

　サイレントカッターとは、一定の速度で回転するボウルの中で複数枚の刃が回転して、肉を切ったり、混ぜたり、練ったりする機械です。これはサイレントカッターを高速回転させて肉をペースト状や好みの細かさまでカッティングするために使うので、本書では代替えとしてフードプロセッサーを使うときも「カッティング」という言葉を使っています。

　これらはウインナー・ソーセージ（P.80）やリオナ・ソーセージ（P.108）のような乳化ソーセージを作ったり、ファルス・フィーヌ（きめ細やかな詰め物）を作ったりするのに必要ですが、そもそもサイレントカッターは高価なので、フードプロセッサーでも十分に代用できます。フランスのシャルキュトリーでも大型のフードプロセッサーでまかなっているところは多々見てきました。

　肉の脂分と氷水などの水分を乳化させて生地を作るためには理論上3000回転／分が必要なので、購入前に性能を確認してください。また、混ぜる生地の粘度が高いとモーターに負担がかかるので、ボウルに入れる肉の量は少な目にしてください。

サイレントカッター

フードプロセッサー
プロ仕様のフードプロセッサーならまず問題ありませんが、家庭用は性能を確認してください

スタッファー(充填機)

　スタッファーとは、ソーセージ用の生地(肉)などをケーシングに詰めるための機器で、手動式、油圧式、真空充填機などがあります。

　手ごろなところでは手動式か油圧式が一般的です。油圧式は力があり、速度調整も容易で便利なのですが、私は手動のハンドスタッファーのほうが自分の感覚で細かい調整ができますし、掃除や洗浄も容易なので、50kgぐらいまでの量ならこちらを好んで使っています。が、このあたりは個人差が大きいかもしれません。

　ただ、手動式はギアやハンドルの部分が値段相応で、硬い生地を詰めると壊れることがよくあります。したがって、スタッファーもやはり、よいものを買うことをおすすめします。

　ところで、油圧式でも手動式でも慣れてくると速く詰められるようになりますが、速く詰めるとソーセージ生地に摩擦熱が生まれ、ストレスがかかり、好ましくありません。よいソーセージを作りたければ、ゆっくり詰めるほうがよいことも覚えておいてください。

　なお、本書では使いませんでしたが、絞り袋でも作れます。とはいえ、数をこなすとなると、かなり疲れます。

油圧式スタッファー

手動式スタッファー

絞り袋、口金

ノズル

ソーセージの上手な詰め方

スタッファーには、まず生地をきっちりとすきまのないように詰めてください。上面も平らにします。

難しいといってよく相談を受けるのが、ケーシングの中に生地が程よく「均一に詰まらない」という悩みです。詰まりすぎたり、ゆるゆるだったりするのです。考えられる原因は、ケーシングとノズルの摩擦の度合い、言い換えればすべりの良しあしです。つまり、ノズルからケーシングがするすると出ていかないと生地は詰まって破裂しかねませんし、緩くてするすると出すぎると生地がきちんと詰まりません。

これを避けるには、まずケーシングを水で十分戻すこと。乾燥気味だと引っ掛かり気味になってしまいます。そのうえで私は、抵抗をかけて生地を詰まり気味に詰めていきます。

要は、詰まっていくスピードと詰めていくスピードが釣り合っているかどうか、です。言葉では難しく感じるかもしれませんが、やってみると実感でわかってきます。

平らにきっちり詰めます

ケーシングは水で十分もどしておくこと

ノズルとケーシングのすべりがポイント

生地の出てくる抵抗を指先で感じることが大切

スモークハウス、スチームコンベクションオーブン

　食肉加工品の最後の仕上げを担う機器です。

　スモークハウスは製品を入れておくだけで乾燥、燻煙（スモーク掛け）、さらには加熱までオートマチックで進むので、とても便利です。ですが、なんといってもスペースをとる存在ですし、高価でもあります。

　少量しかスモークしない場合は、工夫すれば手製で設備が作れます。密閉できる箱の中に加熱器で煙を起こし、箱に煙をこもらせればよいだけなのです。安価なセットも販売されていますが、自作するのも面白いのでおすすめです。スモークハウスを使わない場合は、以下の手順で行ってください。

1) 乾燥させる。（表面が乾く程度）
2) スモークする。（55~70℃）
3) 湯またはスチームコンベクションオーブンで加熱する。
（75~85℃の環境下で芯温63℃30分以上）

　上記、「芯温63℃30分以上」は日本の食品衛生法で決められていますが、ヨーロッパでは芯温70~85℃が一般的とされていた経験をもとに、本書では製品にあわせた提案をしています（P.42~43参照）。なお、加熱にはスチームコンベクションオーブンが正確で失敗もなく、便利だというのが実感です。

スチームコンベクション
オーブン（スチコン）

スモークハウス

燻煙チップとくん液

燻煙チップはにはさまざまな種類やサイズがありますが、使用用途や機械によってサイズは決まってきます。決まったノウハウはないので、試行錯誤を楽しんでください（詳細P.42参照）。
くん液は、一昔前は発がん性を指摘され敬遠されていましたが、今はあらかじめ不安要素は取り除いてあるので逆に安全で、ヨーロッパでも広く使われています。選択肢の一つです

真空包装機

　本来は、製品を真空状態に包装して保存したり、販売したりするために使われますが、ここでは味や香りを浸透させるために、あるいはサラミやパテを作るときには空気を抜く工程で使いました。

　塩漬・マリネもこれを使えば衛生的にできるので、もしあれば、これを使うのが便利です。

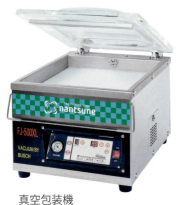
真空包装機

サラミでは脱気に

塩漬・マリネには便利

味や香りがよく浸透します

スライサー

　スライサーは、あるととても便利です。

　具体的には生ハムやハム、ベーコンをスライスしますが、テリーヌやパテを作るとき、背脂をスライスすることもできます。

スライサー

型

　テリーヌやパテの加熱には、鋳物や陶器のものが、熱の伝わり方が穏やかで良いと昔から言われてきています。しかし、スチームコンベクションオーブンが普及した今となっては、ステンレスや鉄板で作られた型のほうがプログラムされた温度をすぐに反映させられてよいように思います。

　ただ、オーブンで加熱する場合は、湯を張ったバットや鍋に陶器や鋳鉄製のテリーヌの型を入れて、湯煎しながら加熱するほうがよいでしょう。

　ヨーロッパではジビエを模した陶器や磁器製のテリーヌの型、鋳型で作られたジビエや鴨、豚、またハート形などの型もあります。

　昨今では、パテを小麦粉生地で包んで焼き上げるパテ・アン・クルートが人気ですが、必ずしも専用の型を使わなくても、ケーキの型にバターと粉を振りかけて焦げ付きにくくしたり、クッキングシートを敷いたりと、工夫して作る人を多く見かけます。自分スタイルをいろいろ試してみるのもよいと思います。

パテ用容器

オーバル型
パテ・アン・クルート型
パイ用ピンセット
煙突用穴あけ器

テリーヌ型
パテ型

ガランティーヌ型（豚、鴨）

ガランティーヌ型
（角形、トンネル形、三角形）

ハムの型
（洋ナシ形、ジャンボン・ド・パリ形）

骨切りのこぎり
骨切りのこぎりがあると便利ですが、常時使うものでもないので大きめののこぎりで代用できます

研ぎ棒
これでナイフが研げるわけではありませんが、作業途中に鈍った切れ味をいくぶん、戻すことができます。もう一つの使い道として、骨を肉から外すときに研ぎ棒で起こしたり、ナイフの代わりにしたりすることもできます。そのときは、断面が楕円形のものが便利です

ステンレス製手袋
ヨーロッパでは、枝肉や塊肉を部位ごとに分けるとき、ステンレスの手袋をすることが義務付けられています。日本では軍手ですることも多いようですが、安全性と衛生面から心配が残るので、できればステンレス製手袋の使用をおすすめします

筋引きナイフ　　筋引き・骨抜きナイフ　　筋引き・骨抜きナイフ
ナイフは筋引き用と骨抜き用があると便利です。和包丁にも同様のナイフがありますが、ステンレス製のナイフは錆も出にくく、煮沸消毒も薬品消毒もできるので、おすすめです

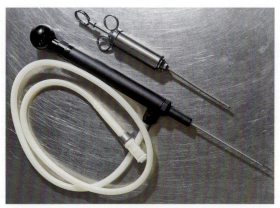

インジェクター（注射器）

　肉に塩漬液を注入するときに使います。注射器でも代用できますが、一般的な注射器では先端からしか塩漬液が出ず、一部分に固まってしまうのに対して、専用のインジェクターは針の先端付近に複数の穴があいていて、塩漬液が針の側面から肉中に広がるようになっています

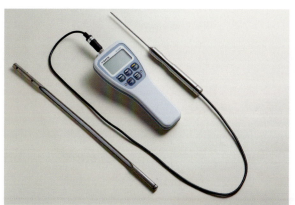

温度計
（棒温度計、中心温度計）

シャルキュトリーには必須のアイテムです。ブイヨンや湯の温度は従来の棒温度計で、シャルキュトリーの中心温度（芯温）を測るなら、センサーと本体が離れたもののほうが、センサーを肉に刺したまま計測できるので便利です。
どちらも耐久性や温度の正確さが大切なので、よいものを購入してください

真空パック内の肉製品も芯温を測ります

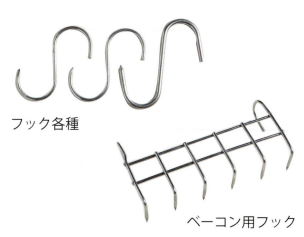

フック各種
ベーコン用フック

フックは食材に直接触れるものなので、ステンレス製を使ってください。ホームセンターなどで購入したものの片方の先端を、グラインダーなどで削り、尖らせると使いやすくなります

ひも各種

形を整えるために縛ったり、吊ったりと、ひもを使う場面は多いです。太さは使用用途によって選んでください。シャルキュトリー用のポリエステル製のひももありますが、私は綿製が手ごろでよいと思っています

III 理解して、マスターしたい食肉加工の技術

肉の加工技術

　食肉加工の基本は、生地の結着と乳化、そして分散になります。

　挽いた肉をどうまとめていくかに「結着」と「乳化」があり、肉の塊をどうほぐして分離させるかが「分散」です。この3要素が、理屈だけでなく、肉の実感としてつかめるようになると、ソーセージ作りも一段階ステップを上がったといえるでしょう。

結着

　まずは結着の仕組みを説明していきます。

　豚はと殺後しばらくすると死後硬直を起こして硬くなりますが、その後、一定期間を経て熟成し、軟らかく、味も香りもよい食肉へと変わっていきます。

　肉は、たくさんの種類のタンパク質からできています。その中でも主成分のミオシンとアクチンは、塩のある環境下で肉組織から溶け出る塩溶性タンパク質で、これが出てくると肉は強い粘度を帯びて結着力が強くなります。

　とくにミオシンは強い粘性を持ち、肉同士を結着させながら、肉と肉の間に脂を抱え込んでいきます。そして加熱されるとミオシンが結着したタンパク質は43℃で固定化し始め、70℃で複雑に絡み合って強い網目構造を作って凝固します。

　ただ、このミオシンの変化で注意しなくてはならないことが2つあります。

　一つは、ミオシンは時間が経過するとアクチンと結びつくことでアクトミオシンという別の物質になり、結着力を失うということです。とはいえ、ここにリン酸塩を加えるとアクトミオシンは再びアクチンとミオシンに戻され、ミオシンは結着力を回復します。

　もう一つは、ミオシンは温度に大きく左右されるタンパク質で、－5℃以下、あるいは20℃以上になると、ミオシン自体が変性して結着力がなくなるということです。こればかりはリン酸塩を添加してもどうにもなりません。

　以上の点が、鮮度と温度の管理を徹底しなければいけない理由です。

　これらのことをソーセージの作り方に落とし込んでみると、以下のようになります。

(1) －2〜＋3℃（ミオシンが最も安定的な温度帯）に温度管理された屠畜後5日内の肉と脂を、よく冷やしたミートチョッパーで挽く。

(2) 挽いた肉と脂に塩を加えてミオシンを引き出し、水を加え（必ずしも加えなくてもよい）、肉を膨潤させ、温度が10℃以上に上がらないように（ミオシンの結着力は温度が上がるほど落ちるので）挽き肉を混ぜる。ここでつながっていく

肉の現象を「結着」といい、その結着の加減で食感、味わい、風味が微妙に異なり、それぞれ別のソーセージとなっていく。

(3) できた生地をケーシングに詰めたら速やかに加熱して、芯温を70℃まで加熱調理する。

このとき、結着した肉は脂を抱き込んでくっつき固まることで、中に肉汁を保ったソーセージができあがる。

これが理想とするソーセージの作り方です。そしてうまく結着したものは歯ごたえのよい、ジューシーなソーセージになるのです。

乳化

料理をしていると、乳化という言葉はよく使われます。

乳化とは、本来混ざりあわない水と油に乳化剤を加えて物理的な力を加えた結果、乳状に混濁して安定した状態をいいます。

乳化には2パターンあり、一つは「水の中に油(脂)が散っている状態」のO/W型(oil in water ミルク、アイスクリームなど)、もう一つが「油の中に水が散っている状態」のW/O型(water in oil バター、化粧品のクリームなど)です。

一般的に、食肉加工品はO/W型ですから、ソーセージもレバー・ペーストもO/W型です。

乳化は難しいものではなく、いくつかの基本を守ると簡単です。条件として水分、油、乳化剤の3つがバランスよく存在することが大切です。そのうえでO/W型の乳化の場合は、まず水分の中に乳化剤を混ぜ込み、油(脂)分を少しずつ加えていくという方法をとります。

ソーセージを例に、乳化の手順を説明すると、以下のようになります。

(1) 新鮮な肉に塩を加え、カッティングしてミオシンを引き出す。

(2) 肉(水分70％)にさらに水分を加えて膨潤させる。このとき同時にミオシン同士が絡み合って膜状になったところに、さらに水分を加えることで、「塩溶性タンパク質をまとった水分を含んだ肉」ができる。これが乳化剤の役目を果たすようになる。

(3) 脂肪を加えてカッティングを続ける。脂肪は脂肪球となり、「塩溶性タンパク質をまとった水分を含んだ肉」に包まれて、周囲の(水分をたっぷり含んだ)肉と乳化を完成させる。

(4) 10℃までで撹拌を止める。

(5) ケーシングに詰めて熱で固定される。

ところで、食肉加工の乳化には同じO/W型になるにしても工程が2種類あり、本書で言えば、低い温度の乳化はウインナー・ソーセージ(P.80)やリオナ・ソーセージ(P.108)、高い温度での乳化はブーダン・ブ

ラン(P.94)、ブーダン・ノワール(P.97)、フォアグラと鴨レバーのムース(P.163)、レバー・ブルスト(P.166)があげられます。

　それぞれ温度やタイミングを守ると乳化は容易ですが、それらをおざなりにすると、てきめんに分離します。マヨネーズやソース等はやり直すこともできますが、食肉加工の場合、塩溶性タンパク質が変性してしまっているのでやり直しはききません。必ず温度とタイミングを守ってください。

分散

　食肉加工での分散は、肉の繊維をばらばらすることを言い、本書ではリエットがこれにあたります。当然、これらは結着も乳化もしておらず、肉や野菜、スパイス等の間を脂肪やゼリー等が埋めています。

　レバー・ヴルストなどは、結着や乳化を失敗してもサイレントカッターやフードプロセッサー等で細かくすると一見つながっているように見えますが、加熱するとサラサラと分離します。それをそのまま冷やせば脂肪分が浮いてきますが、揉み込むとまた混ざっていきます。食べるとそれはそれで美味しく、乳化したものとは違った味わいです。ある意味、「分散型」に姿を変えても別の製品として成り立つ事例ですが、レバー・ヴルストは稀なケースなので安易に考えず、それぞれの作り方は守りましょう。

塩漬の効能
（えんせき）

　塩漬とは、一般には肉を塩漬けすることですが、本書では「塩とともに発色剤を入れて、塩の効果とともに発色効果も得る工程」としてこの言葉を使っています。

　肉は塩漬すると、さまざまな効果を得ることができます。

　ソーセージやテリーヌの塩漬では保水力と結着力を得ることができます。これらが良いと強い乳化力も得ることができます。肉が最高の結着力、保水力を得られるのは3％の塩分量ですが、これでは塩辛くて食べられたものではありません。そこで、まず肉だけに塩を加えて3％に近い状態でよく練り、十分な結着力と保水力が出てから水分や副材料を加えると、製品全体の塩分は2％以下に収まり、良い結果を得ることができます。

　ハムやベーコンの場合は、塩は脱水と保水、保存性、抗菌性の役割を担ってくれます。

　ハム・ベーコンのような塊肉の塩漬けは、大きく分けて乾塩法と湿塩法があります。乾塩法は脱水を目的とすることが多く、ベーコンや生ハム等に利用します。ただ、ムラが出来やすいため長期間つけるか真空パックするなど工夫も必要です。

　湿塩法は、塩漬液に漬け込んだり塩漬液の一部を注射器で肉に注入したりする方法です。この場合、塩分は水に溶けているため、ゆっくりと肉に浸透していきます。浸透していく目安は1日約1cmといわれ

いますが、温度環境など諸条件に左右されます。塩漬期間が長くなるとそれだけ場所もふさがれるので、塩漬期間を短くするために多くの場合、塩漬液の一部を注射(インジェクション)します。インジェクションしたハムは歩留まりもよく、しっとり仕上がります。

日本では長期間塩漬けしたものを「熟成ハム」と呼んで好む傾向がありますが、ヨーロッパでは短期間で仕上げたもののほうが好まれます。また食感も日本ではしっとりとしたハムが好まれ、欧米ではドライな食感の方が好まれる傾向があるようです。

なお、生ハムやパンチェッタ(ともに非加熱のもの)などは、しっかり塩分や塩漬剤が浸透していなくてはその後の乾燥工程、熟成工程に肉が耐えられず腐敗、変敗しますから、決められた分量を守ることは重要です。

なお、塩とともに得られる発色効果についてはP.17をご覧ください。

乾燥を操る

乾燥は目的により、以下のように分かれます。

a) サラミ、生ハムなどの20℃までの温度で乾燥させる低温乾燥
b) スモークの前段階として40〜60℃で乾燥させる中温乾燥
c) ビーフジャーキー、ベーコン等の加熱を兼ねた高温乾燥

a) サラミ、生ハムなどの20℃までの温度で乾燥させる低温乾燥

サラミ、生ハムは塩漬後、余分な塩を洗い流し、乾燥させます。このとき食品衛生法では20℃以下で乾燥することが義務付けられているので、温度は20℃以下の環境で湿度をコントロールしながら水分を抜いていきます。

いきなり表面を乾燥させると壁ができてしまい中の水分が抜けなくなりますから、高湿度の中で穏やかな風を当て、ゆっくりと水分を抜くのが成功の鍵となります。

b) スモークの前段階として40〜60℃で乾燥させる中温乾燥

スモークの前段階の中温乾燥は、肉の表面を乾燥させて燻煙がかかりやすくするためと、加熱による発色の促進が目的です。

ただこの温度帯は菌が増殖しやすいので、肉には菌を抑制できるに足りる十分な塩や添加物が加えられていて、なおかつ、それらが浸透していることが大切です。

肉の表面がただ乾けばよいわけでなく、程よく乾くことが重要ですから、緩やかに温度を上げつつ適度な湿度をかけて乾燥していくことが大切です。

c）ビーフジャーキー、ベーコン等の加熱を兼ねた高温乾燥

高温乾燥は加熱工程も兼ねてはいますが、いきなり高温で加熱するのではなく、中温乾燥から高温乾燥に移っていくという方法をとります。ただ、ジャーキーもベーコンも燻煙することが多く、そうなれば乾燥、燻煙、高温乾燥（加熱）という工程をたどるわけです。

ところで、焼き上がったときの食感を良くするためなのか、生ソーセージを室温で乾燥させる話を耳にすることがあります。しかし、生ソーセージの塩分や添加しているスパイスだけでは到底、菌の抑制効果は期待できません。それでも乾燥させる場合は、出来るだけ早く十分に加熱し、消費しましょう。

生ソーセージを少々乾燥させたとしても、それほど食感は変わりません。むしろ焼き方を工夫するほうが効果的です。

スモークの効果と方法

スモークフレーバーは、加工肉の表面についた煙の成分のフェノール化合物やカルボニル化合物が肉のタンパク質と反応して独特の香りとなったものです。さらにそれら化合物が樹脂膜を作って表面に付着することで菌を抑制したり酸化防止になり、保存性を高めます。

肉を乾燥させていくと表面から水分が失われていきますが、そのとき肉の表面には乾燥した膜ができます。しかし同時にこの膜の表面には目に見えない小さな孔（水分子より小さい）があき、その膜は多孔質となりますが、水分は保持されます。

一方、煙の成分の化合物は肉の表面に樹脂膜を張り、スモークの香りは表面に空いた孔から浸透していきます。

よい状態のスモークにするためには、表面が適度に乾いて多孔質になっていることと、そこから入ってきた香りを製品全体にいきわたらせるために内部に適度な水分があることが大切です。

スモークの方法にはくん液に直接製品を浸したり、くん液を噴霧するリキッドスモークといわれる方法と、燻煙剤（チップ、薪、その他）を燃焼させて煙を発生させ、製品にスモークをかける方法があります。チップや薪を使う場合は、ジェネレーターで燃焼させる方法、直火、あるいは摩擦や電熱で燃焼させる方法があります。

ここで気を付けなければならないのが、ものが燃えるときは水分も発生するということです。つまり、燃焼時に発生する水分で煙ののりが悪くなりますから途中、水分（湿気）を逃がす工夫が必要です。スモークに時間をただ長くとってもスモークののりは良くならず、ある程度スモークをしたら湿気を逃してから再度スモークをかけるほうが良い仕上がりになります。香りを強くしたければ、温度を低めにして、時間を長くかけると効果的です。

チップの種類は、桜やヒッコリー、ブナ、ナラ等がポピュラーですがウイスキーの樽等も面白いのでぜひ、試してみてください。チップの種類によって煙の色は違います。しかし、スモークの色づきは温度や乾燥加減によるところが大きいので、チップ選びは香りの好みでよいのです。

ちなみに日本では煙が強く色が濃くつく桜が人気です。一方、ヨーロッパでは煙がおだやかでオールマイティーとされるブナやナラが無難で好まれています。

また、同じチップでもスモーク設備などによって燃焼温度が変わると煙の成分が変わるのか、高温では黒っぽく、低温だと淡く、スモークカラーもスモークフレーバーも変わります。スモークはつかみどころがなく試行錯誤の連続になりますが、それだけ楽しめる幅も広いということです。

加熱の目的

加熱の目的は、タンパク質を凝固させ、製品を完成させることにあります。同時に加熱によって菌の増殖を抑制、または殺菌することにあり、そのため温度と時間が食品衛生法で定められています。

この温度と時間の管理はHACCPには必須です。

また、肉の種類(牛、豚、羊、鴨、ジビエ等)や処理の仕方(塊か、カットしてあるか、インジェクションしているか)によっても温度と時間は変わります。

加熱は水分(水、ブイヨン等)の中で行うものと、熱した空気もしくは水蒸気の中で行うものに分かれます。ソーセージやハムはどちらも当てはまり、60～80℃の間に設定したお湯やブイヨンの中で加熱することもあれば、スモークハウスやスチームコンベクションオーブンで水蒸気を介して加熱することもあります。また水蒸気を入れず、オーブンでローストするように仕上げることもあります。

テリーヌは昔ながらにオーブンで湯煎にかけ加熱してきましたが、今ではスチームコンベクションオーブンが普及しているため、表面をオーブンで高温加熱した後、水蒸気を入れ、低温で加熱するのが主流になっています。

いずれにしても加熱の終了時には中心温度(芯温)を確認してください。食品衛生法上、芯温が63℃30分以上の条件は必須となります。

タンパク質は58℃で凝固が始まり、80℃で完全に凝固が完了します。

芯温は70℃前後がソーセージでは食感がよいですが、レバーや内臓を使ったものはリスクを抑えるために75℃くらいまで加熱することも多いです。85℃まで温度を上げる方が風味が良いという意見の人もいます。

熟成の必要条件

　熟成は、加熱製品か非加熱製品かで様子が違います。

　加熱するシャルキュトリーにおける熟成は、カレーの熟成に似ています。時間の経過で風味の角がとれて穏やかになり、スパイスや塩角に隠れていた旨味や風味が感じられ、バランスのとれた味になっていきます。

　しかし、そのような熟成過程をとるためには、しっかりと調理工程が管理されていなくてはなりません。万が一、加熱不足や工程上の管理ミスがあったりすると熟成中に菌が増殖したり、また腐敗はしていなくても増えた菌や、菌が出した毒素で食中毒になることもあります。十分な加熱殺菌や十分な冷却工程、そして保存温度の管理に気をつけてください（P.223～参照）。

　一方、サラミや生ハムの熟成は生肉の熟成に似ています。

　熟成肉を作るのと同様に、温度と湿度をコントロールしながら乳酸菌を制御し、pHを下げつつ乳酸菌やタンパク質分解酵素を活性化させ、タンパク質をアミノ酸に分解して旨味を増やしていきます。

　pHを下げて酸性にし、乾燥していくことで水分活性も低くなり、保存性も風味も高まると理解してください。

HACCPのメリット

　HACCPは、食中毒や食品事故を事前に防止するためにNASAで考案されました。2020年にはレストランへの導入が義務付けされることが決定しています。

　HACCPとはHazard Analysis and Critical Control Pointの略で、危害分析重要管理点と訳されます。危害分析（HA）は原材料や製造加工工程において、どのような危害点があるのかを拾い出して、起こりうる事故や問題点を管理する手段を明らかにすること、重要管理点（CCP）は製造加工過程で起こりうる事故や問題（危害）を低減、排除するための監視と管理になります。

　要するに、入荷時の肉の温度や状態を把握することや、保管時、加工時等々の温度や状態を管理条件として設定しておき、その設定条件から外れた場合は、どのように対応するのかを事前にルールとして徹底することです。

　レシピや調理工程に照らし合わせながらデータとして当てはめていき、また、自分なりに内容を工夫して書き足すと失敗したときや改良するときの参考になるので、細かく書き残していくと何より自分に役立ちます。

　ただし、注意するべきは調理マニュアルではなく、あくまでも事故を予防するためのものですから、食品衛生法に沿った管理基準を設定することが必要です。

この本の注意点

レシピについて

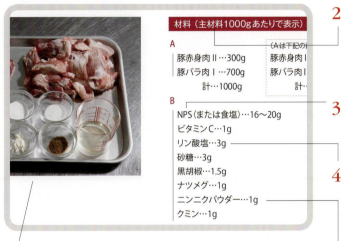

1. 写真に写っている材料は、右の文字表記と同量ではありません。文字は、あくまで「主材料」を1000gとした場合で表記しています（一部例外もあり）。したがって左の写真は、材料同士のおおまかな比率としてご覧ください。

2. 「主材料」とは多くの場合、肉素材の合計です。ベースになる生地と模様肉とある場合はベース生地を指します。また、ときに肉素材に氷、水、卵なども含めて1000gとして調味料を計算する場合もあります。一つ一つ、表記を確かめて計量してください。

3. 「NPS」の中の亜硝酸ナトリウムは1%です。したがって「食塩」と同量で置き換えたとしても1%の誤差ですから、そのままの重量でよしとしています。

4. リン酸塩は、でんぷんに置き換えられるときと置き換えられないときがあります。置き換えられるときは「または」で表記しています。そうでないときは、書いていません。

5. スパイスや酒は酸性のため肉の結着をじゃまします。入れるタイミングには理由があるのでBのようにひとくくりにしていても、必ず製品ごとの説明に従ってください。

温度管理について

1. 肉の取り扱いは、すべての製品作りにおいて作業前、作業の合い間、仕上がって粗熱が取れた後など、徹底した冷蔵保存を心掛けてください。

2. 各製品の製造過程での温度は必ず守ってください。レシピ中にアイコンで表示したものは特に大切です。巻末の一覧も参考にして下さい。

Point 芯温 **70°C**

ソーセージのひねり方について

本書でのソーセージは、以下のように「ひねって」います。

1. 生地をひととおり詰めてから、腸の片方の端を結ぶ。
2. 適当な間隔で両手で持ち、一方方向に数回回す。
3. 2.と同じ間隔で1本分をおいて、次の1本分を両手でつまんで、また2.と同じ方向に数回、回す。以下、これを繰り返す。
4. 最後に腸のもう片方の端を結ぶ。空気が入っているところは針で刺して空気を抜く。

シャルキュトリーの
本格技術

実践編
・・・・・・・・・・・・・・・・・

第1章

生ソーセージ

まずスタートは、すべての食肉加工品の基本となる「結着」を、生ソーセージを通して学びます。

フランス、イタリア、スペイン、ドイツの基本的なレシピから7種類を選びました。どれもシンプルで簡単に思えますが、肉の鮮度や状態、温度、挽き肉の目の細かさや粗さ、混ぜ方や練り方、調味料を加えるタイミング等の要素が複雑に絡み合い、やればやるほど難しさがわかってくると思います。まずは挽き肉に塩、胡椒を混ぜるだけのシェール・ア・ソーシスから始め、軽く練って結着させるサルシッチャ、そしてほとんど同じ配合でありながら結着の度合いの違うトゥールーズ・ソーセージと続いていきます。一通り試してもよいし、一つを作り込んで次にトライしてみてもよいです。慣れてきたら自分なりの作り方にしたり、配合も変えればよいと思います。ただ1回ごとに生地の状態はしっかり意識してみてください。

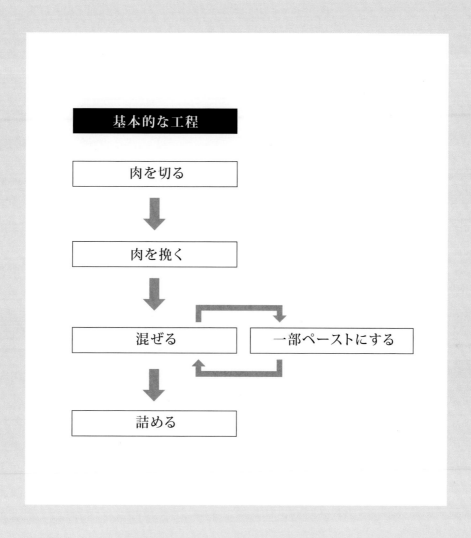

シェール・ア・ソーシス
Chair à saucisse（仏）

これはフランス語で「ソーセージ用のつめもの」という意味で、すべての挽き肉加工品のスタート地点としてここに紹介します。

シェール・ア・ソーシスは、フランスの肉屋に行くと大きく皿に盛り上げてあり、生地そのものはシュー・ファルシ chou farci（ロールキャベツ）やトマト・ファルシ tomates farci のようなお惣菜の材料としても重宝されます。また、腸に詰めたものはシポラタ・ソーセージ saucisse chipolata、網脂で包んだものはソーシス・プラット saucisse plat と別の名前で呼ばれます。肉粒のボロボロとした感じが残るように、混ぜすぎて練りすぎることのないようにしてください。

材料（主材料1000gあたりで表示）

A

豚赤身肉Ⅱ…600g	（Aは下記の配合でもよい）
豚バラ肉Ⅱ…400g	豚赤身肉Ⅱ…300g
計…1000g	豚バラ肉Ⅱ…700g
	計…1000g

B

食塩…14〜18g
キャトルエピス…1.5g
胡椒（白黒は好み）…2g

ケーシング
18/20〜32/34のサイズの任意の腸、または網脂

生地を作る

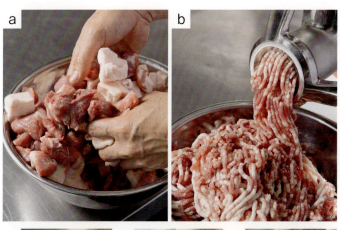

1. 肉を3cm角に切って冷やしておく。部位が偏らないように挽く前に軽く混ぜる。

2. ミートチョッパーに4〜6mmのプレートをセットし、肉を挽く。

3. 挽いた肉をミートミキサー（またはボウル）に入れ、Bを加える。

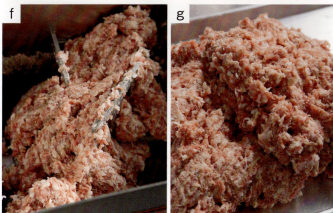

4. 練らないように混ぜ合わせる。ボウルの場合は指を立てて混ぜるとよい。

5. 結着するまで混ぜる（軽くまとまるけれど、ボロボロ崩れるくらいで良い）。

※ここで、好みで玉ねぎのみじん切りやハーブを加えるとバリエーションができます。

シェール・ア・ソーシス　*Chair à saucisse*

h

i

生地を詰める

6. スタッファーに 5. の生地を詰め、18/20～32/34 の好みのサイズの腸に詰める。
7. 腸の片方の端を結び、好みの長さでひねって形を整える。
8. 腸のもう片方も結び、空気が入っているところは針を刺して空気を抜く。

網脂で包む

※網脂で包んだものは「ソーシス・プラット saucisse plat」と呼ばれます。

サルシッチャ
Salcicca (伊)

イタリアのソーセージです。比較的大きな肉粒に挽かれることが多く、シンプルに塩といくつかのハーブかスパイスで味付けされます。地方やお店によって使うハーブやスパイスも違うので、様々なバリエーションがあります。そのまま焼きソーセージにもしますが、煮込んだり、ほぐしてピッツァの具材に使われたりもします。

サルシッチャもシェール・ア・ソーシスと同様、軽くまとまる程度に結着すればよいので練りすぎないこと。加熱後のボロボロと口の中でほぐれる食感を楽しんでください。

実践編 第1章 生ソーセージ

サルシッチャ　*Salcicca*

材料（主材料1000gあたりで表示）

A
- 豚赤身肉Ⅰ…750g
- 豚硬脂肪…250g
- 計…1000g

（Aは下記の配合でもよい）
- 豚赤身肉Ⅱ…500g
- 豚バラ肉Ⅱ…500g
- 計…1000g

B
- 食塩…14〜18g
- 胡椒…3g

ケーシング
22/24〜32/34のサイズの任意の腸

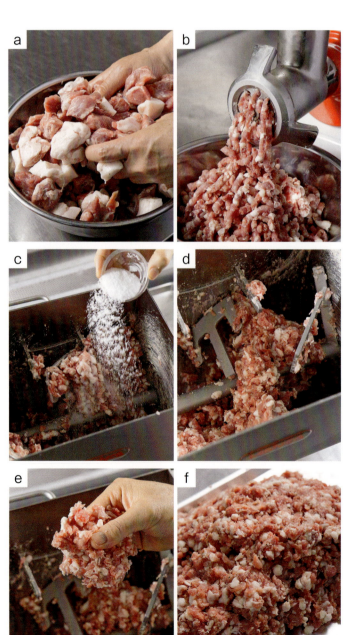

生地を作る

1. 肉は3cm角に切って冷やしておく。偏らないように挽く前に軽く混ぜる。
2. ミートチョッパーに8〜10mmのプレートをセットし、肉を挽く。
3. 挽いた肉をミートミキサー（またはボウル）に入れ、Bを加える。
4. 練らないように混ぜ合わせる。ボウルの場合は指を立てて混ぜるとよい。
5. 結着するまで混ぜる（軽くまとまるけれど、ボロボロ崩れるくらいで良い）。

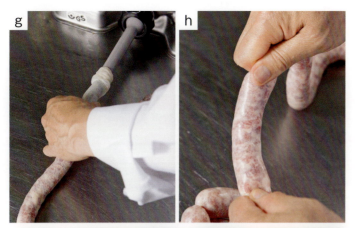

生地を詰める

6. スタッファーに5.の生地を詰め、22/24〜32/34の好みのサイズの腸に詰める。

7. 腸の片方の端を結び、好みの長さにひねって形を整える。

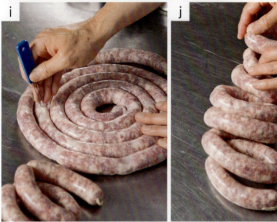

8. 腸のもう片方も結び、空気が入っているところは針を刺して空気を抜く。

トゥールーズ・ソーセージ
Saucisse de Toulouse (仏)

トゥールーズというフランス南西部の地名が付いたソーセージですが、肉の挽き方が大粒で食べ応えがあり、フランスではよく知られた存在です。適当な長さでねじられ、1本ずつ並んでいることもあれば、王冠のようにグルグルと巻かれていることもあります。

家庭やバーベキューなどで焼くことも多いですが、トゥールーズの郷土料理カスレーでは煮込む材料の一つとして欠かせません。煮込み用にはこのレシピにでんぷんを2〜5％加えて作ると味が馴染みやすく、美味しく仕上がります。

レシピ自体は前出のソーセージと変わらないのですが、サルシッチャよりも結着を進めて、焼いても煮ても崩れないようにします。それでも、口の中でほどける感じは大切です。

材料（主材料1000gあたりで表示）

A
| 豚赤身肉Ⅰ…750g
| 豚硬脂肪Ⅰ…250g
|　　　　　　計…1000g

（Aは下記の配合でもよい）
| 豚赤身肉Ⅱ…200g
| 豚バラ肉Ⅰ…800g
|　　　　　　計…1000g

B
| 食塩…14〜18g
| 胡椒…1.8g
| ナツメグ（またはオールスパイス）…1g
| でんぷん（必要に応じて）…20〜50g
※ここでは使用せず

ケーシング
22/24〜32/34のサイズの任意の腸

生地を作る

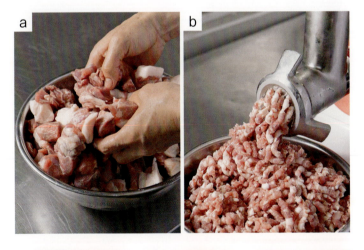

1. 肉は3cm角に切って冷やしておく。偏らないように挽く前に軽く混ぜる。

2. ミートチョッパーに8〜10mmのプレートをセットし、肉を挽く。

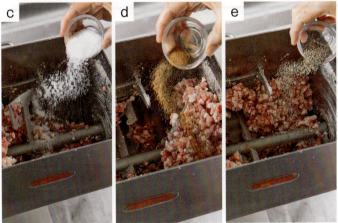

3. 挽いた肉をミートミキサー（またはボウル）に入れ、Bを加える。

トゥールーズ・ソーセージ　*Saucisse de Toulouse*

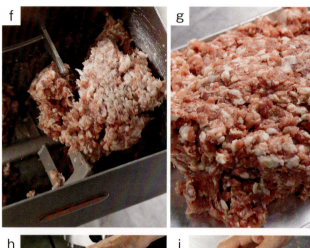

4. 練らないように混ぜ合わせる。ボウルの場合は指を立てて混ぜるとよい。
5. 結着するまで混ぜる。

生地を詰める

6. スタッファーに5.の生地を詰め、22/24〜32/34の好みのサイズの腸に詰める。
7. 腸片方の端を結び、好みの長さになるようひねって形を整える。
8. 腸のもう片方も結び、空気が入っているところは、針を刺して空気を抜く。

フランス人のソウルフードとまで言われる郷土料理「カスレー」。トゥールーズの中でもエリアによって鴨のコンフィや豚の皮などが入るなど、バリエーションはいろいろあります。

チューリンガー・ブラート・ヴルスト
Thuringer brat wurst (独)

ドイツでは、街角の屋台で売られているようなポピュラーな存在です。

名前はドイツ中部のチューリンゲン州に由来します。ここには高い山々や森があり、その特産品のマジョラムを加えることが名前の由来です。

ドイツのソーセージは結着が大事にされていて、食感もパチッと詰まっています。

また加水することも多く、フランスやイタリアのソーセージとは生地の食感も変わります。ここではミートチョッパーで二度挽きすることで練っていることになるので、この段階でほぼ結着はできているはずです。したがって、これを軽く混ぜるとすぐにまとまります。加熱後はしっかりとした食感で、ジューシー感も楽しめるソーセージです。

チューリンガー・ブラート・ヴルスト　*Thuringer brat wurst*

材料（主材料1000gあたりで表示）

A
- 豚バラ肉Ⅰ…700g
- 豚バラ肉Ⅱ…200g
- 細氷…100g
- 　　　計…1000g

B
- 食塩…14〜18g
- ブラートヴルストスパイス…10g
- または
  - 胡椒…2g
  - メース…1g
  - ジンジャーパウダー…1g
  - カルダモン…0.3g
- キャラウェイ…1.5g
- マジョラム…1g

ケーシング
22/24〜26/28のサイズの羊腸、または豚腸

生地を作る

1. Bを混ぜ合わせて、3cm角に切って冷やしておいた肉に加える。全体によく混ぜる。

2. さらに細かい氷を加え、よく混ぜる。

3. ミートチョッパーに8㎜のプレートをセットし、*2.*を二度挽く。

4. ミートミキサー(またはボウル)に*3.*の肉を入れ、軽くまとめるように混ぜる。

生地を詰める

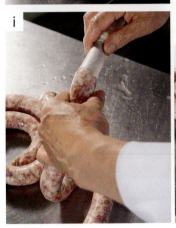

5. スタッファーに*4.*の生地を詰め、22/24〜26/28のサイズの腸に詰める。

6. 腸の片方の端を結び、好みの長さでひねって形を整える。

7. 腸のもう片方も結び、空気が入っているところは針を刺して空気を抜く。

実践編 第1章 生ソーセージ

ニュルンベルガー・ブラート・ヴルスト
Nürnberger brat wurst (独)

ドイツ、ニュルンベルグの名物ソーセージで、現地では炭火でカリッと香ばしく焼いて提供されます。このソーセージは結着がしっかりとしていることが大切なので、鮮度と温度がより厳密に管理された肉を使うことおすすめします。詰める腸が細いので、肉も細かく挽きます。ここでは生地の一部をペースト状にして混ぜ合わせることで、ソーセージにより詰まった食感を出していますが、ペースト状の生地を合わせないで挽いた肉だけで作ってもかまいません。

前項で作ったチューリンガー・ブラート・ヴルストによく似ていますが、腸の太さやソーセージ生地の細かさで風味の感じ方が変わることが実感できて面白いと思います。

材料（主材料1000gあたりで表示）

A
- 豚バラ肉Ⅰ…700g
- 豚バラ肉Ⅱ…200g
- 冷水…100g
- 　　　計…1000g

B
- 食塩…14〜18g
- ブラートヴルストスパイス…10g
- または
  - 胡椒…2g
  - メース…1g
  - ジンジャーパウダー…1g
  - カルダモン…0.3g
- マジョラム…1g

ケーシング
18/20〜22/24のサイズの羊腸腸

実践編　第1章　生ソーセージ

生地を作る

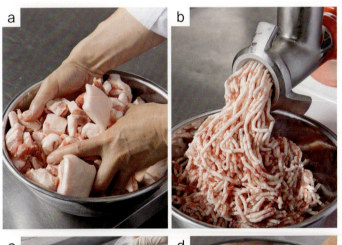

1. 肉は3cm角に切って冷やしておく。偏らないように挽く前に軽く混ぜる。
2. ミートチョッパーに5〜6mmのプレートをセットし、肉を挽く。

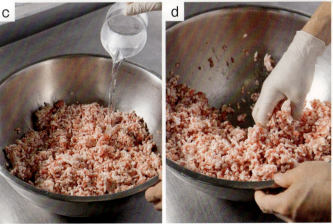

3. 挽いた肉をミートミキサー（またはボウル）に入れ、軽く回して挽き肉をほぐしてから冷水を加え、よく練る。

ニュルンベルガー・ブラート・ヴルストト　*Nürnberger brat wurst*

4. 肉が水を吸収したことを確認したら塩を加え、よく練る。

5. その後スパイスを加え、さらにしっかり結着するように混ぜる。

6. しっかり結着したことを確認するために、つかんだ固まりを下に向けてみる。
ぽろぽろ落ちなければ出来上がり。

7. 生地の10〜20％をフードプロセッサーで細かいペースト状にする。

8. 7.を元の生地に戻し、よく混ぜ合わせて均一の生地に仕上げる。

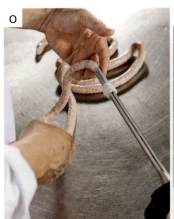

生地を詰める

9. スタッファーに 8. の生地を詰め、18/20〜22/24のサイズの羊腸に詰める。
10. 腸の片方の端を結び、好みの長さでひねって形を整える。
11. 腸のもう片方も結び、空気が入っているところは針を刺して空気を抜く。

ブティファラ・フレスカ
Butifarra fresca（西）

スペインのカタルーニャ地方の焼きソーセージです。

このソーセージはスパイスも多めで、水やシェリー酒も入ります。スパイスとシェリー酒はともに酸性のため肉の結着を邪魔する存在です。それだけに肉の鮮度や温度管理をどれだけしっかりするかで出来上がりが変わってきます。ここまでサルシッチャ、トゥールーズ、チューリンガー・ブラート・ヴルストと結着の度合いの強弱を変えてきた経験を生かして、ここでは「しっかり練ってよりよく結着した生地を作る」ことを意識してください。

加えるスパイスや酒は店や家庭によって様々なバリエーションがありますが、まずはここに紹介したレシピで何度か作り、基本をマスターしてからご自身のオリジナルを試してください。

材料（主材料1000gあたりで表示）

A
- 豚赤身肉Ⅰ…200g
- 豚バラ肉Ⅰ…800g
- 計…1000g

（Aは下記の配合でもよい）
- 豚赤身肉Ⅱ…500g
- 豚バラ肉Ⅱ…500g
- 計…1000g

B
- 食塩…15〜20g
- 黒胡椒…8g
- シナモン…2g
- 白胡椒…2g
- ナツメグ…1g
- オールスパイス…2g

氷水…50g
シェリー酒…50g

ケーシング
22/24〜32/34のサイズの任意の腸

実践編 第1章 生ソーセージ

生地を作る

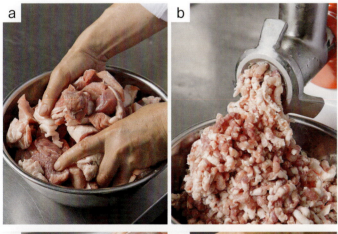

1. 肉は3cm角に切って冷やしておく。偏らないように挽く前に軽く混ぜる。
2. ミートチョッパーに8〜10mmのプレートをセットし、肉を挽く。
3. 挽いた肉をミートミキサー（またはボウル）に入れ、氷水を加えてよく混ぜる。
4. 肉が水を吸収したことを確認したら、Bを加えて混ぜる。

ブティファラ・フレスカ　*Butifarra fresca*

5. Bが十分なじみ、肉も結着したことを確認したら、シェリー酒を加える。
6. さらにしっかり混ぜる。
しっかり結着したことを確認するために、つかんだ固まりを下に向けてみる。
ぽろぽろ落ちなければ出来上がり。

生地を詰める

7. スタッファーに 7. の生地を詰め、22/24〜32/34のサイズの腸に詰める。
8. 腸の片方の端を結び、好みの長さでひねって形を整える。
9. 腸のもう片方も結び、空気が入っているところは針を刺して空気を抜く。

メルゲーズ
Merguez(仏)

アラブのソーセージですが、今ではフランスに根付き、ファンの多いソーセージです。

本来、宗教的な理由で豚肉は使わず牛肉や羊肉だけで作られるのですが、宗教の縛りがなければ風味やコスト等の面からも豚肉を入れても良いのではないかと思います。

羊肉を使うと結着は容易ですが、このソーセージに限っては結着した食感よりボソボソとした食感が好まれますから、それほど結着にこだわらなくてもよいでしょう。

アラブの国々ではスパイスの配合が様々あってバリエーションも多彩ですし、そのスパイシーさから夏に食べたくなるソーセージです。

メルゲーズ　*Merguez*

材料（主材料1000gあたりで表示）

A
牛赤身肉 II …500g	牛赤身肉 II …700g
羊バラ肉 II …500g	羊バラ肉 II …300g
計…1000g	計…1000g

（Aは下記の配合でもよい）

B
- 食塩…14〜18g
- メルゲーズスパイス…30g
- または
  - 黒胡椒…3g
  - パプリカ…20g
  - ニンニクパウダー…2g
  - カルダモン… 2〜4g
  - クミン…5g
  - マジョラム…2g

オリーブオイル…10g

ケーシング
16/18〜18/20のサイズの羊腸

生地を作る

1. 肉は3cm角に切って冷やしておく。偏らないように軽く混ぜておく。

2. ミートチョッパーに5mmのプレートをセットし、肉を挽く。

3. 挽いた肉をミートミキサー（またはボウル）に入れ、軽くほぐしてBを加えて混ぜる。

4. 結着したことを確認したらオリーブオイルを加え、なじむまで混ぜる。

5. しっかり結着したことを確認するために、つかんだ固まりを下に向けてみる。ぽろぽろ落ちなければ出来上がり。

生地を詰める

6. スタッファーに 5. の生地を詰め、16/18〜18/20のサイズの羊腸に詰める。
7. 腸の片方の端を結び、好みの長さ（通常は12〜15cm）でひねって形を整える。
8. 腸のもう片方も結び、空気が入っているところは針を刺して空気を抜く。

バーベキュー用のソーセージとしても好まれていて、アリッサという唐辛子のペーストをつけて食べます。写真ではクスクスのサラダ「タブレ」を添えています。

第 2 章

ソーセージ

この章ではリン酸塩を使った「結着」、そして結着からの「乳化」を低い温度と高い温度の2つの温度帯で学びます。リン酸塩を使うのは、ソーセージらしい歯切れのよい食感に仕上げるためです。

また、工程上ではそれぞれに温度やタイミングが非常に重要になります。

温度やタイミングのすべてに理由があるので、作業は温度計で確かめながら進めてください。作業自体は難しくなくても、温度とタイミングをないがしろにするとたちまち生地の状態が悪くなったり分離したりします。必ず温度計を使用してください。

また、ここでは亜硝酸塩を塩で希釈した塩漬用の塩「NPS」を使用します。発色剤としての効果は一晩漬け込むか、またはフードプロセッサーやサイレントカッターでカッターキュアリング*しないと得られません。製品ごとの作り方の意味を理解して作業してください。

*カッターキュアリングとは、ソーセージ製造において肉を事前に塩漬せず、挽き肉にした後、サイレントカッターで細切・混和するときに塩漬剤を入れて練り上げる方法をいう。塩漬剤の浸透に時間が掛からず、短時間で塩漬したのと同等の好ましいフレーバーが得られる。

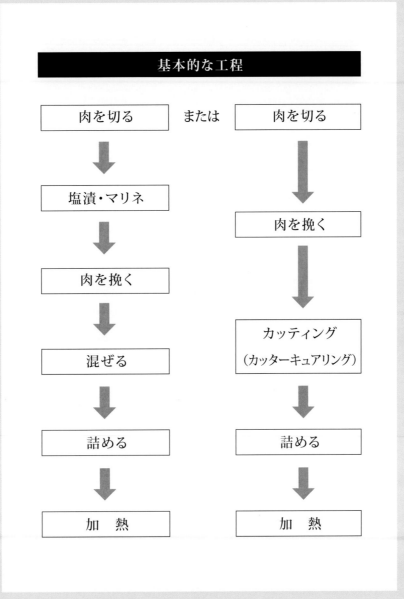

※ブーダン・ブラン、ブーダン・ノワール、アンドゥイエット・ド・カンパーニュ、
アンドゥイエット・ア・ラ・フィセルは除く。

セルヴラ・リヨネ（リヨン風セルヴラソーセージ）
Cervelas Lyonais （仏）

フランスのリヨン地方のソーセージで、またの名をソーシッソン・リヨネともいいます。
肉だけのナチュールのほかにピスタチオ入り、トリュフ入りなどバリエーションもあります。茹でてじゃがいもとサラダ仕立てで食べたり、レンズ豆と食べたりするほかに、ブリオッシュに入れて焼くソーシッソン・ブリオッシュも知られています。このソーセージは亜硝酸塩を入れるので、発色させるため一晩、塩漬します。またアルコールを加えてマリネすることで香り高いソーセージとなります。

※写真は、NPSを食塩と発色剤整剤を分けて撮影

材料（主材料1000gあたりで表示）

A
豚赤身肉Ⅱ…750g	（Aは下記の配合でもよい）
豚バラ肉Ⅱ…250g	豚赤身肉Ⅰ…350g
計…1000g	豚バラ肉Ⅰ…350g
	豚バラ肉Ⅱ…300g
	計…1000g

B
- NPS（または食塩）…14〜18g
- ビタミンC…1g
- リン酸塩…3g
- キャトルエピス…2g
- 白胡椒…1g
- 砂糖…3g

マデラ酒（またはポルト酒）…50g
ピスタチオ…30g

ケーシング
　豚腸、牛腸

生地を作る

1. 3cm角に切って冷やしておいた肉に、合わせておいたB（リン酸塩以外）を加え、よく混ぜる。マデラ酒も加えて混ぜ、一晩冷蔵庫において塩漬・マリネする。

2. 翌日、8〜10mmのプレートで肉を挽き、リン酸塩を加え、全体をよく混ぜて結着させてからピスタチオを加える。

3. よく混ぜて、結着させる。結着を確認する。

セルブラ・リヨネ　*Cervelas Lyonais*

e

f

g

h

i

j

生地を詰める。仕上げる

4. 戻した豚腸にスタッファーから生地を詰める。腸の片方の端を結んで好みの長さでひねる。もう片方の端も結び、空気が入っているところは針を刺して空気を抜く。

5. 牛腸は適当な長さに切り、片方の口を閉じる。
6. スタッファーに生地を詰め、牛腸に詰める。
7. 反対側の口もひもで縛る。

8. 18℃前後で一晩置いて、乾燥させつつ発色させる。冷蔵庫でもよい。
9. 75℃の湯に入れ、30〜40分間ボイルして芯温が70℃になったのを確認して取り出す。流水または冷水ですぐ冷やす。

Point
芯温 **70℃**

茹でて、ポテトサラダとともに

モンベリアール・ソーセージ
Saucisse de Montbeliard (仏)

フランス東部のフランシュ＝コンテ地方の街のソーセージで、ドイツ、スイスの国境に近いためか、それらの国の影響を感じさせるソーセージです。実際、スイスにもほぼ同じようなソーセージがあります。

スモークが強くされているのが特徴で、フランス料理のポテ（日本人が思うポトフのような料理）やシュークルートには欠かせないソーセージです。レンズ豆、じゃがいも等をつけあわせにして温かく、また冷たくしても食べられる美味しいソーセージです。

モンベリアール・ソーセージ　*Saucisse de Montbeliard*

材料（主材料1000gあたりで表示）

A

	（Aは下記の配合でもよい）
豚赤身肉II…300g	豚赤身肉II…750g
豚バラ肉I…700g	豚バラ肉II…250g
計…1000g	計…1000g

B

NPS（または食塩）…16〜20g
ビタミンC…1g
リン酸塩…3g
砂糖…3g
黒胡椒…1.5g
ナツメグ…1g
ニンニクパウダー…1g
クミン…1g

白ワイン…50g

ケーシング

28/30〜38/40のサイズの豚腸

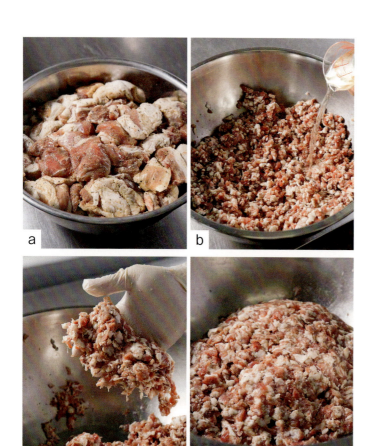

生地を作る

1. 3cm角に切って冷やしておいた肉に、合わせておいたB（リン酸塩以外）を加え、よく混ぜる。一晩、冷蔵庫で塩漬する。
2. 翌日、8〜10mmのプレートで肉を挽く。ミキサー（またはボウル）に肉を入れてリン酸塩を加え、よく練る。結着がはじまったら白ワインを加える。
3. さらに練って、結着したら完了。

生地を詰める。仕上げる

4. スタッファーに 3. の生地を詰め、28/30〜38/40のサイズの豚腸に詰める。
5. 腸の片方の端を結ぶ。

6. 好みの長さでひねって形を整える。腸のもう片方の端を結び、空気が入っているところは針を刺して抜く。
7. スモークハウスに入れ、好みの色と香りにスモークする。
（スモークハウスがない場合はP.33参照。）
芯温が70℃になったのを確認したら取り出し、すぐに流水または冷水で冷やす。

Point
芯温 70℃

※塩味やスパイスの風味などが一般的に薄味傾向になっているのと同様に、近年ではスモークも色、香りともに昔ほど濃いものは好まれなくなっているようです。この傾向は年々強まっている印象です。

濃い味付けでスモーク仕上げのこのソーセージは、シュークルートやじゃがいも料理によく使われます。スイスではラクレットの付けあわせにもたびたび使われます。

実践編　第2章　ソーセージ

ウインナー・ソーセージ
Wiener würstchen (独)

生地を乳化させて作るソーセージを紹介します。日本ではJAS規格で羊腸サイズのソーセージをウインナーとサイズだけで定義していますが、ここでは乳化生地を使って作られるオーストリア、フランス、ドイツに共通する「ウインナースタイルのソーセージ」のことをさしています。技術的には低い温度で生地を乳化させる生地を学びます。
さらに乳化生地はサイレントカッター（あるいはフードプロセッサー）を使ってカッターキュアリングという方法で発色させるので、事前の塩漬は必要ありません。

材料（主材料1000gあたりで表示）

A
- 豚赤身肉Ⅰ…500g
- 豚硬脂肪…300g
- 細氷…200g
- 　　計…1000g

B
- NPS（または食塩）…14〜18g
- ビタミンC…1g
- リン酸塩…3g（または澱粉…40g）
- ウインナースパイス…4〜6g
- または
  - 白胡椒…2g
  - ナツメグ…0.5g
  - コリアンダー…0.3g
  - パプリカ…0.5g
  - ジンジャーパウダー…0.2g

ケーシング
任意のサイズの羊腸または豚腸

生地を作る
（サイレントカッター使用の場合）

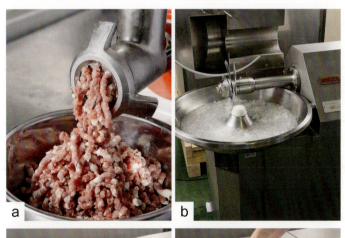

1. 肉と脂は別々に3〜5mmのプレートで挽く。冷やす。
2. サイレントカッターには氷水を張って、よく冷やしておく。

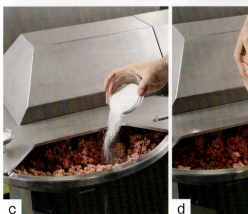

3. 氷水を除き、水分をふき取ったサイレントカッターに肉だけを入れて2回転させ、肉がほぐれたらB（スパイス以外）を加え、さらに2〜3回転させる。
4. 氷の1/2量を加える。

ウインナー・ソーセージ　*Wiener würstchen*

5. 回転速度を上げ、高速でカッティングする。
6. 最高温度が4℃になるまで、カッティングする。

> **Point**
> **4℃**

7. 脂の全量を加え、今度は10℃まで高速でカッティングする。

> **Point**
> **10℃**

8. 残りの氷とスパイスを加え、さらにカッティングする。

9. カッターを止めてカバーについたスパイスを落とす。
10. さらに最高温度が8℃になるまで高速でカッティングする。
11. 生地の出来上がり。

> **Point**
> **8℃**

生地を詰める。仕上げる

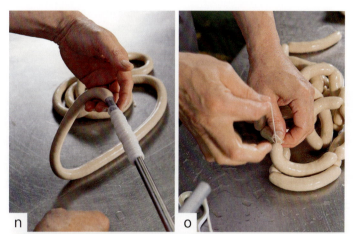

12. スタッファーに 11. の生地を入れ、20/22～22/24の羊腸または豚腸に詰める。
13. 腸の端を結び、好みの長さでひねって形を整える。

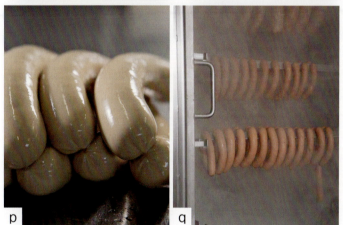

14. 腸のもう片方の端も結び、空気が入っているところは針を刺して抜く。
15. スモークハウスに入れ、好みの色と香りにスモークする。
（スモークハウスがない場合はP.33を参照。）
芯温が70℃になったのを確認したら取り出し、すぐに流水または冷水で冷やす。

Point
芯温 **70**℃

フードプロセッサー使用の場合

　フードプロセッサーは一度に作業できる量が少なく、温度が上がりやすいので、サイレントカッターとは温度管理も変わってきます。

1. 肉と脂は3mmのプレートで挽き、一晩冷やす。
2. フードプロセッサーに 1. の肉だけを入れ、軽く回し、B（スパイス以外）を入れて混ぜる。その後、氷の1/2量を加えたらなじませるように回す。
3. 脂を加え、10℃になるまで高速でカッティングする。
4. いったんフードプロセッサーを止め、残りの氷とスパイスを加え、ふちについた生地もきれいに落とす。
5. さらに10℃まで高速でカッティングする（生地の完成）。
以下は上に同じ。

粗挽きウインナーⅠ（ボック・ヴルスト）
Bock wurst （独）

日本で人気の「粗挽きソーセージ」は、実は日本のオリジナルソーセージです。
ヨーロッパのソーセージに強いてあてはめるなら、ドイツのボック・ヴルストというソーセージが該当すると思います。
そのソーセージは、きめの細やかな乳化生地かペースト生地、そこに粗挽きの肉を混ぜて作ります。
ここでは、粗挽きにしたミンチ肉を、さきのウインナー・ソーセージ生地（＝乳化生地）と同様の内容の塩とスパイスで一晩漬け込み、さらにそのウインナー・ソーセージの生地と合わせます。ふんわりと仕上げるならウインナー生地を多めに、しっかりとした食感にするなら少なめにするなど、いろいろ試してみてください。

材料（※ここでは乳化生地を1000g、混ぜ込み用の生地を別途主材料1000gとして表示）

＜混ぜ込み用粗挽き生地＞

A
- 豚赤身肉Ⅱ…500g
- 豚バラ肉Ⅱ…500g
- 　　計…1000g

B
- NPS（または食塩）…14〜18g
- ビタミンC…1g
- リン酸塩…3g
- ウインナースパイス…4〜6g
- または｜白胡椒…2g
- 　　　｜ナツメグ…0.5g
- 　　　｜コリアンダー…0.3g
- 　　　｜パプリカ…0.5g
- 　　　｜ジンジャーパウダー…0.2g

＜乳化生地＞
ウインナー乳化生地（P.82参照）…1000g

ケーシング
20/22〜30/32の羊腸または豚腸

粗挽き生地を作る

1. 3cm角に切って冷やしておいた肉を5〜8mmのプレートで挽く（または8mmで2度挽きしても良い）。
2. 挽いた肉をミートミキサーで軽くほぐし、Bをすべて入れてよく混ぜる（練らないこと）。

3. ボウルにとって、一晩寝かせて発色させる。

粗挽きウインナーⅠ（ボック・ヴルスト）　*Bock wurst*

2つの生地を合わせる

4. 翌日、ミキサー（またはボウル）に *3.* の粗挽き生地（e）を入れ、まずはウインナー乳化生地（f）を少量加えてよくなじませる。

5. 少しずつこれを繰り返し、すべてのウインナー乳化生地を入れ、全体になじませていく。

生地を詰める。仕上げる

6. スタッファーに *5.* の生地を詰め、20/22〜30/32の羊腸または豚腸に詰める。

7. 腸の片方の端を結び、好みの長さでひねって形を整える。腸のもう片方の端も結び、空気が入っているところは針を刺して空気を抜く。

8. スモークハウスに入れ、好みの色と香りにスモークする。
（スモークハウスがない場合はP.33を参照。）
芯温が70℃になったのを確認したら取り出し、すぐに流水または冷水で冷やす。

Point
芯温 **70℃**

粗挽きウインナーⅡ（クラカウアー）
Krakauer （独）

東欧に多いタイプのソーセージです。

先のボック・ヴルストと同様、きめ細やかな生地に粗挽きのミンチ肉をあわせるソーセージですが、こちらのベース生地は乳化させたものではなく、豚や牛の赤身肉をペースト状にしています。クラカウアーのオリジナルレシピは牛肉ですが、ここでは豚肉で作りました。このベース生地には脂肪分が入らないので、しっかりとした食感になります。ベースの生地と混ぜ込み用の粗挽き肉の割合は好みで調整してください。

粗挽きウインナーⅡ（クラカウアー） *Krakauer*

材料（※ここではベース生地を1000g、混ぜ込み用の生地を別途主材料1000gとして表示）

＜赤身生地（ベース）＞

A
- 豚赤身肉Ⅱ…800g
- 細氷…200g
- 　　　計…1000g

B
- NPS（または食塩）…14〜18g
- ビタミンC…1g
- リン酸塩…3g
- クラカウアースパイス…5〜7g
- または｜白胡椒…2g
- 　　　｜メース…0.5g
- 　　　｜コリアンダー…0.5g
- 　　　｜ジンジャーパウダー…0.3g
- 　　　｜カルダモン…0.2g
- 　　　｜パプリカ…0.2g

＜混ぜ込み用粗挽き生地＞

C
- 豚バラ肉Ⅱ…1000g

D
- NPS（または食塩）…14〜18g
- ビタミンC…1g
- リン酸塩…3g
- クラカウアースパイス…5〜7g
- または｜白胡椒…2g
- 　　　｜メース…0.5g
- 　　　｜コリアンダー…0.5g
- 　　　｜ジンジャーパウダー…0.3g
- 　　　｜カルダモン…0.2g
- 　　　｜パプリカ…0.2g

ケーシング
18/20〜28/30の羊腸または豚腸

a

b

c

d

粗挽き生地を作る

1. 3cm角に切って冷やしておいた豚バラ肉を、5〜8mmのプレートで挽く（または8mmで二度挽きしても良い）。
2. 挽いた肉をミートミキサーで軽くほぐし、Dをすべて入れてよく混ぜる（練らないこと）。
3. ボウルにとって、一晩寝かせて発色させる。

赤身生地（ベース）を作る

4. 3cm角に切って冷やしておいた豚赤身肉を、3〜5mmのプレートで挽く。
5. 挽いた肉をサイレントカッターかフードプロセッサーに入れ、軽く回す。Bのスパイス以外をすべて加えて20秒高速回転させる。

6. 細氷の1/2量を加える。
7. 8℃まで回す。生地の上下を返して残りの細氷を加え、さらに8℃になるまで回す。

Point
8℃

8. クラカウアースパイスを加えてさらに回す。温度は8℃を超えないように注意する。
9. 赤身生地(ベース)の出来上がり。

Point
8℃

2つの生地を合わせる

10. ミキサー(またはボウル)に3.の混ぜ込み用粗挽き生地を入れ、赤身生地(ベース)を少量入れてよくなじませる
11. 残りの赤身生地(ベース)を少しずつ入れてはなじませ、全体を均一な生地(j)にする。
※2つの生地の比率は、赤身生地と粗挽き生地が3対7から5対5くらいがよいでしょう。

生地を詰める。仕上げる

12. 11.の生地をスタッファーに詰め、18/20〜28/30の腸に詰める。
13. 腸の片方の端を結び、好みの長さでひねって形を整える。腸のもう片方も結び、空気が入っているところは針を刺して空気を抜く。
14. スモークハウスに入れてスモークする。(スモークハウスがない場合はP.33を参照。)
芯温が70℃になったのを確認したら取り出し、すぐに流水または冷水で冷やす。

Point
芯温 70℃

ヴァイスヴルスト
Weißwurst (独)

ドイツはミュンヘンの人気のソーセージで、パセリとレモンの香り、そしてなによりホワホワとした食感が人気のポイントです。ドイツでは仔牛肉で作りますが、この本では豚肉で代用します。

製法に特徴があります。それはまず赤身と脂を別々にカッティングし、そののち2つをあわせてもう一度カッティングするという二段階式の乳化方法です。通常の一段階だけのカッティングではプリプリとした食感になり、ミュンヘナー・ヴァイスヴルスト独特のホワホワ感を出すためのこのカッティング方法は「2ステップカッティング」と呼ばれます。なお、白く仕上げるソーセージなので発色剤は使いません。

材料（主材料1000gあたりで表示）

A
- 豚赤身肉Ⅰ…500g
- 豚硬脂肪…250g
- 細氷…250g
- 　　　計…1000g

B
- 食塩…14〜18g
- リン酸塩…2g
- ヴァイスヴルストミックス…4〜6g
- または｜白胡椒…2g
- 　　　｜メース…1g
- 　　　｜ジンジャー…1g
- 　　　｜カルダモン…0.3g
- レモン皮おろし…5g
  （またはレモンパウダー…12g）
- イタリアンパセリ…10g
- 好みで、豚の皮
  （80〜90℃で2時間ボイルしたもの）…50g

ケーシング
20/22〜26/28サイズの羊腸または豚腸

生地を作る

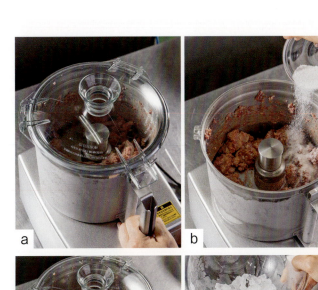

1. 肉、脂はそれぞれ3cm角に切って、ともに3mmのプレートで挽く。
   ゆでた豚の皮も3mmで挽く。
2. まず、豚赤身肉をフードプロセッサーに入れて軽くカッティングする。
3. 塩とリン酸塩を加える。
4. 10秒ほどカッティングする。
5. 1/2量の氷を加え、さらにカッティングする。

ヴァイスヴルスト　*Weißwurst*

6. 2℃までカッティングする。
7. 残りの氷を加えてさらにカッティング。

Point
2℃

8. 2℃になるところで止める。
9. ボウルに取り出し、ペースト状の赤身肉(h)を冷蔵庫に入れておく。

Point
2℃

10. 赤身肉を取り出したフードプロセッサーに、今度は脂を加えてカッティングする。
11. 15℃までカッティングする。

Point
15℃

12. 途中、何回かヘラで内側についた生地をそぎ落とし、均一になるよう混ぜる。
13. 15℃まで回し、*9.* で保冷していたペースト状の赤身肉(h)とスパイスを加える。

Point
15℃

14. 再び10℃までカッティングする。
15. 豚の皮を加えて均等に散るまで混ぜる。

Point
10℃

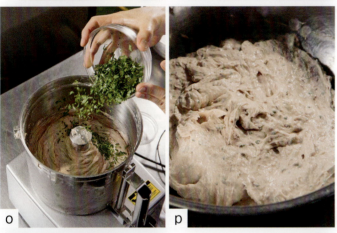

16. イタリアンパセリとレモンを加える。
17. パセリが小さくなるまで回す。

生地を詰める。仕上げる

18. 仕上がった生地をスタッファーに詰め、20/22〜26/28サイズの腸に詰める。
19. 腸の端を結び、好みの長さでひねって形を整える。腸のもう片方も結び、空気が入っているところは針を刺して空気を抜く。

20. 80〜85℃の湯に入れ、芯温70℃まで加熱する。

Point
芯温70℃

21. 取り出して、流水または冷水で冷やす。

ブーダン・ブラン
Boudin blanc (仏)

一見、ミュンヘンの人気ソーセージ、ヴァイスヴルストによく似ていますが、こちらはそれとは全く違う、料理の要素が加味されたフランス独特のソーセージです。というのも、使用する肉は白い肉(豚、鶏、子牛、魚など)を単体で、または複数組みあわせ、さらにトリュフやリキュールで香り高く作られる、お祝いやクリスマス等のときのごちそうソーセージなのです。カッティング方法はウインナー生地と同じ1ステップですが、今度は温度が変わって高い温度での乳化となります。タンパク質の変性温度に気をつけて作ってください。

なお、このソーセージも白く仕上げるので発色剤は使いません。

材料（主材料1000gあたりで表示）

A
- 豚赤身肉Ⅰ（または鶏ムネ肉・仔牛・ウサギなどの白い肉）…450g
- 豚硬脂肪…100g
- 牛乳…350g
- ※香味野菜：セロリ、人参、玉ねぎ、タイム、ローリエ、パセリ…各適量
- 全卵…100g
-      計…1000g

食塩…14〜18g

B
- 薄力粉…10g
- 澱粉…6g
- 白胡椒…2g
- キャトルエピス…2g
- ナツメグ…1g

好みで酒（ポルト・コニャック・キュラソー・キルシュ等）…10g

ケーシング
26/28〜32/34の豚腸

生地を作る

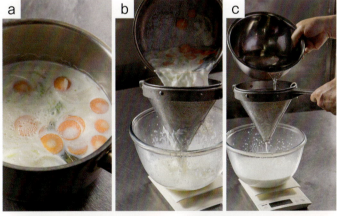

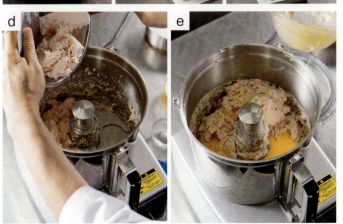

1. 肉と脂は別々に3mmのプレートで挽き、冷やしておく。
2. 牛乳に香味野菜を加え、30〜40分弱火に掛けて煮る。
3. こして水分量を量る。
4. 蒸発した水分を水で足して350gに戻す。
5. フードプロセッサーに1.の肉だけを入れて軽くカッティングして塩を加え、ドライカッティングする。粘りがでてきたら脂を加え、さらにカッティングする。
6. 卵とBを加え、なじんだことを確認したら止めて縁や内側の壁面をきれいにする。

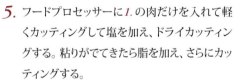

ブーダン・ブラン　*Boudin blanc*

7. 60℃に温めた4.のミルクを加え、生地が滑らかになるまで高速で乳化するようにカッティングする。
仕上がり温度は45℃が望ましい。
8. 好みで酒を加える。

Point
生地 **45℃**

生地を詰める。仕上げる

9. 生地をスタッファーに詰め、26/28〜32/34の豚腸に詰める。または、型に詰めて焼くこともある*。

10. 腸の端を結び、好みの長さでひねって形を整える。腸のもう片方も結び、空気が入っているところは、針を刺して空気を抜く。
11. 80〜85℃の湯に入れ、芯温が70℃になるまで加熱する。その後、すぐに冷水か流水で冷やす。

※腸に詰めないで型に詰め、オーブンで焼いてもよいです。その場合も芯温が70℃になったのを確かめてください。

Point
芯温 **70℃**

よく似た2つのソーセージですが、ドイツとフランスの違いを見ることができます。
左のヴァイスブルスト（独）は、肉のタンパク質が多く生地も粘度をもっているため、ホワホワとした食感ながらもむっちりとしています。
一方、右のブーダン・ブラン（仏）は水分が多く、また卵やでんぷん質で固めているのでホワホワ感はあるものの、幾分ざらつきを感じます。しかし、それがソースになじみやすく料理には仕立てやすい気がします。

ブーダン・ノワール
Boudin noir (仏)

血液を使ったソーセージは世界中にありますが、ブーダン・ノワールもその中の一つです。フランスではどの地方でも見ることができ、豚の血液に脂と玉ねぎの他に肉や内臓、豚頭のさいの目切り、またりんごや栗、パセリなどのハーブもあわせると様々なバリエーションが作られます。血液を主材料とすることから鉄分が豊富なため、昔から貧血気味の方や妊婦さんなどが食べると良いといわれています。なお、このソーセージも発色剤は使いません。

ブーダン・ノワール　*Boudin noir*

材料（主材料1000gあたりで表示）

A
| 玉ねぎ…500g（※ソテー後300g）
| 豚硬脂肪…300g
| 豚血液…300g
| 生クリーム…100g
　　　　計…1000g（※玉ねぎソテー後の重量）

B
| 食塩…16〜18g
| 白胡椒…2g
| キャトルエピス…2g
| メース…1g

ケーシング
32/34〜34/36の豚腸

生地を作る

1. 豚硬脂肪を85〜90℃の湯に入れ、約10分ボイルする。
2. 湯をきり、5mmのプレートで挽き、300g取り分ける。
3. みじん切りの玉ねぎをラード（分量外）で300gになるまでソテーする。
4. 3.の鍋に2.の脂を入れ、さらに血液を加えて混ぜながら加熱する。

5. Bを加え、50℃以上にならないように気を付けながら、さらに加熱する。

※50℃までは上げないと乳化が安定しませんが、これを超えると、今度は生地が固まって詰めにくくなります。

Point

生地 上限 **50**℃

6. 最後に生クリームを加え、軽く混ぜて火を止める。

生地を詰める。仕上げる

7. ロート状のものに32/34〜34/36の豚腸をつける。

8. 6.の生地を流し入れる。このとき、腸は長いまま別のボウルの水につけておき、少しずつ生地を流し込んでいくとよい。手で腸の中の生地を押して移動させつつ、硬すぎず、緩すぎないように詰めていく。

9. 腸の片方の端を結び、適当な長さでひねるかひもで縛る。腸のもう片方の端も結び、空気が入っているところは針で刺して抜く。ひとまとまりにする。

10. 80〜85℃に沸かした湯にブーダンを入れてボイルする。

11. 目安として20〜30分ほど加熱する。途中、針を刺してみて血が出てこなければ芯温70℃を確認して出来上がり。その後、すぐに冷水か流水で冷やす。

Point

芯温 **70**℃

アンドゥイエット・ド・カンパーニュ
Andouillette de campagne (仏)

アンドゥイエットとは、腸詰に仕上げる内臓料理です。ここでは豚の小腸と胃袋を下処理して粗くカットしたものと、豚バラ肉とを合わせます。それをいったん牛腸に詰めて加熱し、冷めたらさらに豚の直腸に詰めます。小腸と胃袋が入ることで、味わいも豊かで美味しく食べやすくなります。大量に作るときには便利な作り方です。

下の写真は、マッシュポテトをそえてマスタード風味のクリームソースを掛けています。

このソーセージにも、発色剤は使用しません。

材料（主材料1000gあたりで表示）

A

豚の胃（*1.*の下処理をしたもの）	⎫
豚の小腸（*1.*の下処理をしたもの）	⎬ …計800g
（割合は好みで）	⎭

豚バラ肉Ⅱ（できれば豚ノド肉がよい）… 200g

計…1000g

B
- にんじん…1本
- 玉ねぎ…大1/4個
- セロリの茎…1本
- にんにく…1片
- ローリエ…2枚
- タイム…少々
- 胡椒（粒）…少々
- 水…5ℓ

D
- エシャロット…50g
- 玉ねぎ…50g
- 白ワインヴィネガー…50g
- ディジョンマスタード…30g

C
- 食塩…35〜40g
- 白胡椒…3g
- ナツメグ…1.5g

ブイヨン…適量
豚の直腸…適量

ケーシング 牛腸

生地を作る

1. 豚の胃（a、c）と小腸（b、d）は、それぞれ別の鍋に湯を沸かし、湯通しをする。冷水にとって一つずつ、ていねいに表面のぬめりやアクを手でこそげとる。そののち必要量を測り、全体の材料や調味料を計量して用意する。

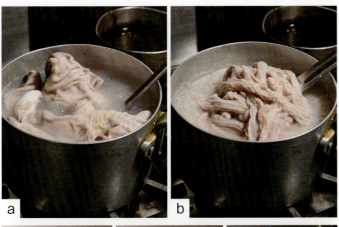

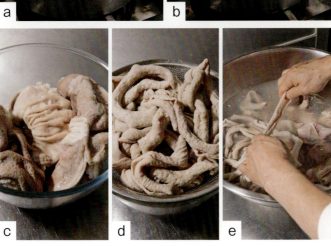

アンドゥイエット・ド・カンパーニュ　*Andouillette de Campagne*

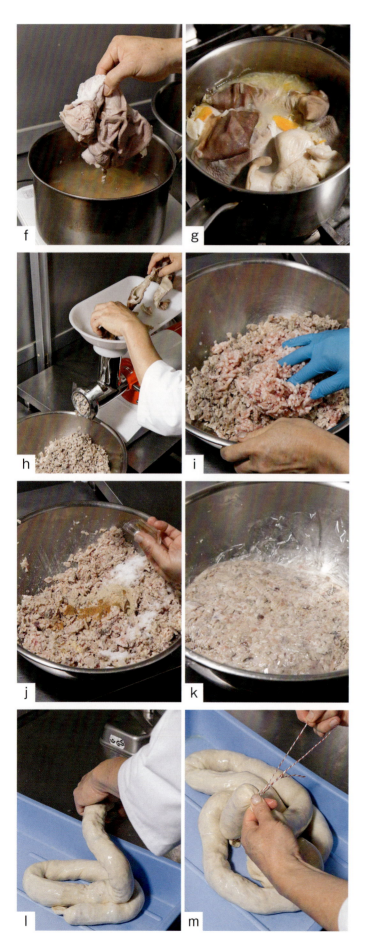

2. 鍋にBの水と材料を入れて香りを煮出したクールブイヨンで、*1.*の胃だけ、1時間煮る。

3. 豚バラ肉は5mmのプレートで挽き、*1.*の小腸と*2.*の胃を13〜15mmのプレートで挽き、全てを合わせる。

4. *3.*の肉にみじん切りのエシャロットと玉ねぎ、白ワインヴィネガー、ディジョンマスタード、さらにCをすべて合わせ、よく混ぜて一晩マリネする。

生地を詰める。仕上げる

5. 翌日、スタッファーで牛腸に詰め、適当な長さでひもでしばる。

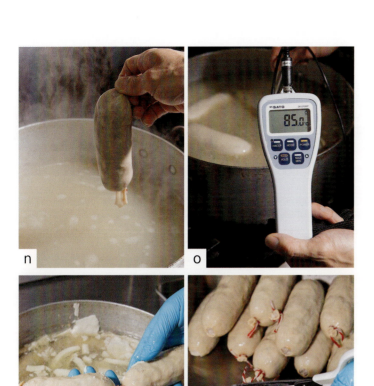

6. ブイヨンを85℃に温め、5.を入れて3時間茹でる。ブイヨンにつけたまま冷ます。

> **Point**
> ブイヨン **85℃**

7. 冷ましたアンドゥイエットは、熱湯で洗って周囲の脂分を流し、1本ずつに切り離す。
※ここで完成とする場合もあります。

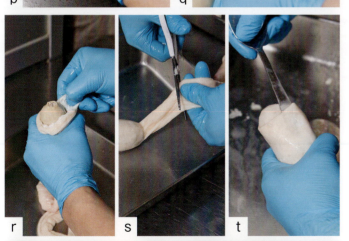

8. 豚の直腸を用意し、7.を1本ずつ詰めていく。豚直腸は事前にたっぷりの酢水で外も中も洗い、余分な脂とぬめりをとっておく。
9. アンドゥイエット1本につき豚直腸は両端4〜5cmずつ残して切りはなし、余り部分はスプーンの柄やへらなどを使って中に押し込む。

10. もう一度85℃に温めたブイヨンに入れ、1時間ボイルしてそのまま冷ます。

> **Point**
> ブイヨン **85℃**

11. 提供時にブイヨンから取り出し、湯で洗って水気をきり、フライパンで焼く。

アンドゥイエット・ア・ラ・フィセル
Andouillette à la ficelle (仏)

料理人たちに大人気の、ホルモンのソーセージです。下処理した豚の小腸を白ワインやマスタードでマリネしたものを、豚の直腸に詰めていきます。下処理をていねいにすると洗練された味になりますが、フランスで食べた味を再現するなら、ほどほどで止めておくほうが良いかもしれません。

材料（主材料1000gあたりで表示）

A
- 豚の小腸…780g
- 豚バラ肉Ⅱ（豚ノド肉の脂の方が融点が高いので好ましいが、なければ豚バラ肉でもよい。）…220g
  - 計…1000g

B
- 食塩… 35～40g
- 胡椒… 4g
- キャトルエピス… 4g
- ディジョンマスタード…30g
- 白ワインヴィネガー… 50g

- 玉ねぎ（あればエシャロット）…180g
- パセリ（あればイタリアンパセリ）…30g

- 豚の直腸…30cm×4本分
- ブイヨン…適量

生地を作る

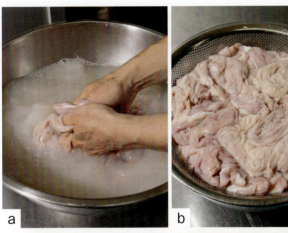

1. 小腸をたっぷりの酢水（分量外、任意）で洗い、ぬめりや固まった粘膜、脂を除く。そののち、真水でゆすぐ。

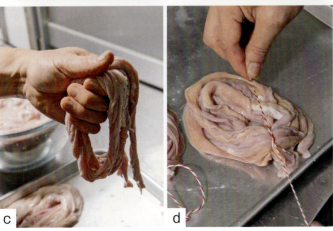

2. 洗った小腸を長さ15cm前後、重さで200gぐらいになるよう手にくるくると巻きつけ、1か所を糸でしっかり結ぶ。
※小腸は縦半分に切ってもよいですが、歯ごたえが欲しいなら、切らないままがよいでしょう。

アンドゥイエット・ア・ラ・フィセル　*Andouillette à la ficelle*

3. 豚バラ肉を10mmのプレートで挽く。
4. ボウルに3.の肉を入れ、塩を加えてよく混ぜる。

5. そののち、胡椒、スパイス類、マスタード、ワインヴィネガーを入れて混ぜる。
   ※この一連の作業は、肉の温度を上げないように手ではなく、ヘラを使って混ぜてください。
6. さらにみじん切りの玉ねぎとパセリを加えてよく混ぜる。

7. バットに2.の小腸を敷きつめ、6.を全体にまんべんなくまぶし、ラップをかけて一晩マリネする。

生地を詰める。仕上げる

8. 豚の直腸も小腸同様に酢水で中も外も洗い、余分な脂とぬめりを取って真水でゆすぐ。30cm弱ずつにカットして裏返したものを、束ねた小腸分（ここでは4本）用意する（この段階では滑らかな面が内側になる）。

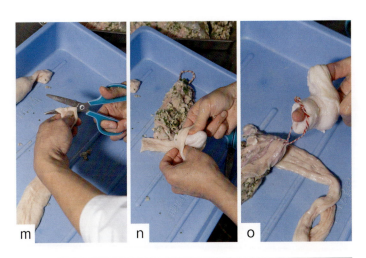

9. 直腸の端から指を差し込み、束ねた小腸のひもを指にかけ、直腸にひっぱり入れながら直腸を裏返す(ここで、滑らかな面が外側になる)。
※イラスト参照

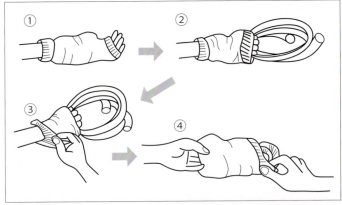

10. 小腸の束を直腸の中央部に寄せ、小腸を結んでいたひもは取り外して、両端に余った直腸はスプーンの柄やヘラで押しこむ。または、ひもで結ぶ。

11. 90℃に温めたブイヨンに入れ、4時間加熱して、そのまま冷ます。

Point
ブイヨン **90℃**

12. 提供時に取り出して周囲を湯で洗い、水気をふき取ってグリルするか、カリッと焼く。

リオナ・ソーセージ（ソーシス・ド・ジャンボン）
Saucisse de Lyon （*Saucisse de Jambon*）（仏）

リオナ・ソーセージは、直径が太くスライスして食べるソーセージの総称で、ドイツでもフランスでもポピュラーです。イタリアではモルタデッラが同様のソーセージとして有名です。ベースの生地に混ぜ込むもので名称が「ソーシス・ド・○○」となるので、ここではソーシス・ド・ジャンボン（ハム入りソーセージの意。ドイツ流なら「ビアシンケン」）となります。見た目、生地はウインナーの乳化生地に似ていますが、脂肪分が幾分多いので生地をつくるときは、特に温度に気をつけなければいけません。

また乳化温度も低目なので、材料も機材も十分に冷やして作業を始めてください。

ベースとなるリオナ生地

※写真はNPSを食塩と発色剤製剤を分けて撮影

材料（主材料1000gあたりで表示）

A
| 豚赤身肉Ⅰ…400g
| 豚硬脂肪…400g
| 細氷…200g
| 計…1000g

B
| NPS（または食塩）…16〜18g
| ビタミンC…1g
| リン酸塩…3g（または澱粉20〜50g）
| アウフシュニットスパイス…4〜6g
| （またはフライシュヴルストスパイス）

ケーシング
牛腸、人工ケーシング

※工程写真はウィンナー・ソーセージの1〜11（P.81〜82）を参照。ただし、温度など詳細は以下のとおり。

リオナ生地を作る

1. 肉と脂を別々に3mmのプレートで挽き、十分冷やす。
2. サイレントカッターに氷水を張ってよく冷しておく。
3. 氷水を除き、水分をふき取って1.の肉だけを入れて2回転させる。B（スパイス以外）を入れ、さらに2〜3回転させる。
4. 細氷を1/2量加える。
5. 回転速度を上げて高速でカッティングする。
6. 最高温度を2℃までとしてカッティングする。　**Point 2℃**
7. 1.の脂を全量加え、8℃までカッティングする。　**Point 8℃**
8. 残りの氷とスパイスを加え、さらにカッティングする。
9. 一度カッターを止めてカバーなどに付いたスパイスをこそげ落とす。
10. 10℃になるまでカッティングする。これで「リオナ生地」の出来上がり。　**Point 10℃**

※こののちパプリカやオリーブ、チーズ、肉など好みのものを加えバリエーションを作ります。

リオナ生地だけで仕上げる場合

11. 10.の生地をスタッファーに詰め、牛腸か人工ケーシングに詰めて75〜78℃の湯で加熱し、芯温70℃までボイルする。または、85℃に設定したスチームコンベクションで芯温70℃まで加熱する。
12. 加熱後はすぐに冷水か流水で冷却する。　**Point 芯温70℃**

リオナ・ソーセージ（ソーシス・ド・ジャンボン）　*Saucisse de Lyon (Saucisse de Jambon)*

リオナ生地をもとにしたアレンジ

ソーシス・ド・ジャンボン
Saucisson de Jambon

材料

<リオナ生地>
リオナ生地…400g

<混ぜ込む材料>
A
　豚赤身肉Ⅰ…550g
　水…50g
　　　計…600g
B（主材料A1000gあたりで表示）
　NPS（または食塩）…16〜18g
　ビタミンC…1g
　リン酸塩…3g
　アウシュニットスパイス…4〜6g

ピスタチオ…20g

a

b

1. ボウルに肉と水を入れ、よく混ぜる。
2. 肉に水をもみ込み、肉が水を吸ったら調味料Bを加え、さらにもみ込む。
3. 真空パックにして、数時間〜一晩置いて、発色させるとともに味をしみこませる。

c

d

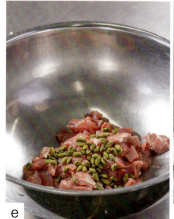
e

f

4. ボウルに肉を入れ、ピスタチオを入れて手でよくもむ。表面がべたべたしてくる。
5. ここにリオナ生地をひとつかみ入れて、しっかり混ぜる。

6. さらにリオナ生地を少量足しては混ぜる作業を繰り返し、全量を合わせ、しっかり混ぜる。
   ※肉と生地がくっつきにくいので、隙間ができないようによく練っておいてください。

7. スタッファーに詰め、牛腸か人工ケーシングに詰め、口を留める。

8. 85℃に設定したスチームコンベクションに入れて約2時間加熱する。芯温が70℃を超えたのを確認したら取り出し、冷水につけて冷やす。

Point
芯温 **70℃**

そのほかのアレンジ

- **ソーシス・ド・フロマージュ**
  Saucisse de fromage
  リオナ生地にチーズを100g/kg混ぜる。

- **ソーシス・ド・リーヴ**
  Saucisse d'olive
  リオナ生地にオリーブを50g/kg混ぜる。

- **ソーシス・ド・シャンピニオン**
  Saucisse de champignon
  リオナ生地に缶詰キノコを100g/kg混ぜる。

- **ソーシス・ド・シャスール**
  Saucisse de chasseur
  リオナ生地600gにコッホサラミ生地を8〜10mmに挽いたもの400gを混ぜる。好みで青胡椒(ドライ)を8g混ぜても良い。

コッホ・サラミ
Koch salami (独)

サラミという名前がついていますが、コッホというのは加熱という意味で、これは加熱して仕上げるソーセージの仲間です(サラミは基本的に加熱はしません。)。このソーセージはケーシングに詰めた後、スモークすることで深みのある味わいになります。作り方はリヨナ・ソーセージより単純で簡単なのでおすすめです。

※工程写真は粗挽きウィンナーⅡ（P.88〜89）を参照。

材料（主材料1000gあたりで表示）

＜赤身生地（ベース）＞

A
| 牛赤身肉Ⅰ…400g
| 豚赤身肉Ⅰ…300g
| 細氷…300g
| 計…1000g

B
| NPS（または食塩）…17〜19g
| ビタミンC…1g
| リン酸塩…3g（または、澱粉…20〜50g）
| 砂糖…3g
| コッホサラミスパイス…4〜6g
| （または、クラカウアースパイス…5〜7g）

＜混ぜ込み用粗挽き生地＞

C
| 豚バラ肉Ⅱ…1000g

D
| NPS（または食塩）…17〜19g
| ビタミンC…1g
| リン酸塩…3g（または、澱粉…20〜50g）
| 砂糖…3g
| コッホサラミスパイス…4〜6g
| （または、クラカウアースパイス…5〜7g）

ケーシング
　牛腸、人工ケーシング

a

粗挽き生地を作る

1. Dをすべて合わせ、3cm角に切った豚バラ肉に加えてよく混ぜ合わせ、一晩、塩漬・マリネする。
2. 翌日、6〜8mmのプレートで挽く。

赤身生地（ベース）を作る

3. 3cm角に切ったAの牛赤身肉と豚赤身肉を3mmのプレートで挽く。
4. 3.の肉をサイレントカッターかフードプロセッサーに入れ、軽くカッティングする。
5. Bのスパイス以外を加え、20秒高速回転し、1/2量の細氷を加える。
6. 8℃になるぎりぎりまで回す。上下を返して残りの細氷を加え、再度8℃になる直前までカッティングする。

Point
8℃

7. Bのスパイスを加える。
8. さらに回す。温度は8℃を超えないように注意する。
9. 赤身生地（ベース）の出来上がり。

2つの生地を合わせて詰める。仕上げる

10. ミキサーボウルに2.の混ぜ込み用粗挽き生地を入れ、9.の赤身生地（ベース）も入れて混ぜる。
　　※比率は粗挽き生地と赤身生地が7対3から5対5くらいが望ましいです。
11. スタッファーに10.の生地を詰め、牛腸か人工ケーシングに詰め、両端をとめる。
12. 乾燥させたのち、スモークハウスでスモークするか、スチームコンベクションオーブンで加熱する、またはボイルしてもよい。ただし、どの場合も芯温が70℃に達するのは確認すること。

Point
芯温 70℃

13. 加熱後はすぐに冷水か流水で冷却する。

実践編　第2章　ソーセージ

第3章

サラミ

この章ではサラミを作ります。

よく生ソーセージを乾かすとサラミになると勘違いをされますが、サラミはサラミで独立した食肉加工品として塩漬塩（NPS）と乳酸菌を加え、pHと水分活性を下げないとサラミにはなりません。しっかり作り分けてください。通常はサラミ専用の熟成庫を使い、温度と湿度を管理しながら乾燥させていきます。ここではGDLという酸味料を使用してpHを速やかに落とし、乳酸菌と併用することで発泡スチロールの箱や密閉できる容器でも安全に簡易に作れるように工夫しました。

南ヨーロッパでは、サラミは生地を練って結着させますが、ここでは水分が抜けやすくするためにドイツ式の、結着させない作り方を紹介します。

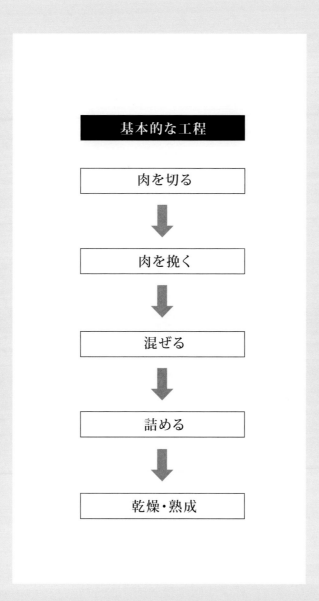

ペッパーバイザー
Pfefferbeisser (独)

サラミを作るのに一番の課題となるのが設備も時間も、そして見極める力も必要になってくる熟成工程です。しかし、ここに紹介するのはその必要がない、乾かすだけのサラミです。GDLを使用することで速やかにpHを酸性に落とし、水分活性も落とすので食中毒菌の繁殖は抑制される一方、GDL由来の酸味が加わり、サラミらしく美味しく仕上がります。細めの羊腸を使えば1週間くらいで仕上がります。好みでスモークをかけてもよいでしょう。

材料（主材料1000gあたりで表示）

A
- 豚バラ肉Ⅱ…500g
- 豚赤身肉Ⅱ…500g
- 　　　計…1000g

B
- NPS（または食塩）…17g
- 食塩…10g

C
- ビタミンC…1g
- GDL…4g
- 黒胡椒（細粒）…2g
- 黒胡椒（粗粒）…2g
- ガーリックパウダー…1g

ケーシング
- 18/20〜22/24の羊腸

生地を作る

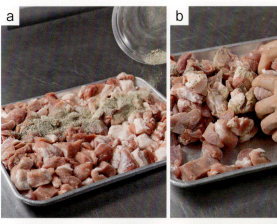
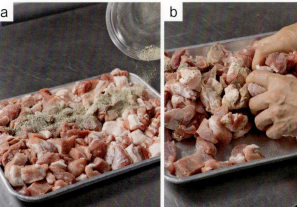

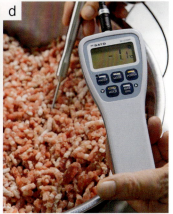

1. 肉は3cm角に切り、バットに広げてCをまぶす。

2. 全体にまぶしたら再びバットに広げて冷凍庫に入れ、表面を軽く凍らせる。
   ※肉を凍らせることで肉がきれいに挽け、また、水抜けも良くなります。

3. ミートチョッパーに4〜5mmのプレートをセットして2.の肉を挽く。挽き終わりはマイナス温度帯が望ましい。
   ※肉をマイナス温度帯にすることにこだわるのは、肉温が上がって塩溶性タンパク質が溶出すると肉が結着してしまって保水性が上がり、このあと乾燥しにくくなるからです。

Point
0℃以下

ペッパーヴァイザー　*Pfefferbeisser*

4. −2〜2℃の状態で(それより高ければ一度冷やしてから)ミートミキサー(または大きめのボウル)に入れてBを振り入れ、練らないようよく混ぜ合わす。
5. 肉はまとまる程度の粘りが必要だが、余分な粘り(結着)が出ないように気をつける。練り終わりの温度は2〜3℃が望ましい。

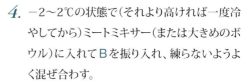

作業前 **−2〜2℃** ➡ 練り終わり **2〜3℃**

生地を詰める

6. 真空包装機があれば、事前に脱気してからスタッファーに詰め、18/20〜22/24の羊腸に詰める。

7. 腸の片方の端を結び、好みの長さでひねって形を整える。腸のもう片方も結び、空気が残っているところは針を刺して空気を抜く。
8. 20℃の乾燥した所で24〜48時間吊るして乾燥させる。

乾燥 **20℃**

9. (好みで)スモークをかけるなら、20℃以下で冷燻をかける。
10. その後、冷蔵庫に移し、好みの硬さまで乾燥させる。

白カビサラミ
Edelschinmmel（独）

日本で人気のサラミです。

通常、サラミの生地は乳酸菌を加えて作りますが、ここではGDLも加え、より安全に作ることを目指します。

まずGDLの助けで速やかにpHを酸性に落とすとともに水分活性も落としてから乳酸菌の働きで肉のタンパク質を分解させ、旨味のもととなるアミノ酸を増やしていきます。

一方で、表面にカマンベールと同じ仲間の白カビ菌をつけ、風味を穏やかにすると同時にほかの有害なカビが付くことを防ぎます。発酵を始めるためのスターターとして乳酸菌を入れるのも同様に他の有害菌が増えることを抑えるためです。

白カビサラミ　*Edelschinmmel*

材料（主材料1000gあたりで表示）

A
- 豚バラ肉Ⅱ…500g
- 豚赤身肉Ⅰ…500g
- 　　計…1000g

B
- NPS（または食塩）…17g
- 食塩…10g

C
- ビタミンC…1g
- 乳酸菌…0.5g
- 黒胡椒（粗粒）…4g
- ガーリックパウダー…4g
- GDL…4g
- 乳糖…4g
- ブドウ糖…4g

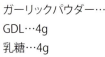

赤ワイン…5g

D
- 白カビ（冷凍）…2g
  （1ℓのミネラルウォーターで前日に戻しておく）

ケーシング
羊腸、豚腸、人工ケーシングまたは好みのケーシング

a / b

c / d

生地を作る

1. 肉は3cm角に切り、バットに広げてCをまぶす。
2. 全体にまぶしたら再びバットに広げて冷凍庫に入れ、表面を軽く凍らせる。
   ※肉を凍らせることで肉がきれいに挽け、また、水抜けも良くなります。

3. ミートチョッパーに4〜5mmのプレートをセットし、2.の肉を挽く。挽き終わりはマイナス温度帯が望ましい。
   ※肉をマイナスの温度帯にすることにこだわるのは、肉温が上がって塩溶性タンパク質が溶出すると肉が結着してしまって保水性が上がり、そのあと乾燥しにくくなるからです。

4. －2～2℃の状態で（それより高ければ一度冷やしてから）ミートミキサー（または大きめのボウル）に肉を入れ、赤ワイン加え、ねばりが出ないよう混ぜる（d）。

5. Bを加えてさらに混ぜる。肉はまとまる程度の粘りは必要だが、余分な粘り（結着）は出ないくらいまで練る。練り終わりの温度は2～3℃が望ましい。

Point 作業前 **−2～2℃** ➡ **Point** 練り終わり **2～3℃**

生地を詰める

6. 真空包装機があれば、事前に脱気してからスタッファーに詰め、豚腸か好みのサイズのケーシングに詰める。右の写真は人工ケーシング60mm。

7. 腸の片方を結び、好みの長さでひねり、もう片方も結んで空気を針で抜く。全面にきれいに白カビをまとわせたい場合は、ひねり部分に余裕を持たせて1本ずつに切り離し、結ぶ（またはサラミ用クリップで留める。またはひもで縛る）。

8. 前日にミネラルウォーターで戻しておいた白カビ液に7.の全体を浸し、下記の熟成工程に進む。

発酵・熟成させる

9. 以下のような環境で、発酵・熟成を進める。

		温度	湿度
前発酵	24時間	20℃	90%
乾燥工程	5日間	20℃～16℃ 5日間かけ、段階的に下げていく	85%～75% 5日間かけ、段階的に下げていく
後発酵・熟成	3週間	14℃	75%

チョリソー
Chorizo（西）

チョリソーはスペインのサラミで、香辛料としてのパプリカ（スモークパプリカ、スウィートパプリカ、ホットパプリカ）とオレガノを入れることで独特の風味を出しています。

パプリカは酸性が強くて、また粉体が水分を吸いやすいためか、サラミ生地にパプリカを入れると乾燥するのが早く、比較的容易にサラミになってくれます。

スライスして食べるのはもちろん、細かくカットしてテリーヌやソーセージの模様出しに使ったり、スライスしたものをベーコンの代わりに使ってスープの出汁にしたりできる便利なサラミです。

材料（主材料1000gあたりで表示）

A
- 豚バラ肉Ⅱ…500g
- 豚赤身肉Ⅰ…500g
- 　　計…1000g

B
- NPS（または食塩）…17g
- 食塩…10g

C
- ビタミンC…1g
- 乳糖…4g
- ブドウ糖…4g
- 白胡椒（パウダー）…4g
- スモークパプリカ…20g
- 乳酸菌…0.5g
- オレガノ…2g
- ガーリックパウダー…2g

赤ワイン…5g

ケーシング
　好みの腸または人工ケーシング

生地を作る

1. 肉を3cm角に切ってバットに広げ、乳酸菌以外のCを混ぜておいて肉にまぶす。
2. 全体によく混ぜたら、再びバットに広げて冷凍庫に入れ、表面を軽く凍らせる。
3. ミートチョッパーに13mmのプレートをセットして 2. の肉を挽く。挽き終わりはマイナス温度帯が望ましい。

※肉をマイナス温度帯にすることにこだわるのは、肉温が上がって塩溶性タンパク質が溶出すると肉が結着してしまって保水性が上がり、このあと乾燥しにくくなるからです。

チョリソー　*Chorizo*

4. −2〜2℃の状態で（それより高ければ一度冷やしてから）ミートミキサーで練らないようによく混ぜる。乳酸菌も加えて混ぜる。
5. 続いて、赤ワインも入れて同様に混ぜる。
6. Bを加え、粘りが出て固まりにはなるが結着はしない程度に練る。練り終わりは2〜3℃が望ましい。

> **Point**
> 作業前
> **-2〜2℃**
>
> ↓
>
> **Point**
> 練り終わり
> **2〜3℃**

生地を詰める

7. あれば真空包装機で一度脱気してからスタッファーに詰め、好みの腸に詰める。
8. 腸の片方を結び、好みの長さでひねり、もう片方も結んで空気を針で抜く。このときひねり部分に余裕を持たせれば、1本ずつ切り離して結ぶか、サラミ用クリップで留める、あるいはひもで縛る、もできる（連なったまま熟成工程に入ってもよい）。
9. 両端を紐でくくりU字形にする（棒状でも良い）。
10. 白カビサラミ同様の発酵・熟成工程にのせる（P.121参照）。

日本で作るサラミの発酵と熟成について

サラミにおける発酵とは、細菌や酵母菌、カビを利用して肉のタンパク質を分解していくことを言いますが、高温多湿の日本でこれをうまく進めるには、熟成庫が必要になります。熟成庫とは、温度と湿度を調整できるもので、サラミが発酵、熟成していくのをコントロールしていくものです。

サラミ専用に作られた熟成庫は高価なので、他の機械や道具で工夫して代用することも可能です。

たとえば、肌寒い18℃前後の気温の季節であれば、密閉できる箱に濡れタオルや霧吹きで箱の中に湿度を足してやれば良く、もっと気温が低い季節であれば発泡スチロールの箱にヒートランプや湯たんぽを入れて温度調節をしたり、濡れタオルを湯たんぽに巻いて湿度も調整することができます。

そうして前発酵と乾燥工程が済めば、後はワインセラーで好みの加減まで後発酵・熟成をかけていけばよいので、工夫すればなんとかなるものです。

ただ、このように簡便に作るときは、GDLを添加するほうが水分活性を早く落とせるのでおすすめです。

ところで、こうしてサラミは発酵が落ち着いた後もしばらく熟成させることで風味に深みを増していきます。しかし、ただ吊っておくだけでは乾燥が進むだけで美味しくはなりません。理想は温度14℃、湿度75％に保つことです。

ワインセラーがいくぶんこの条件に近く、代用することができます。

さらに簡単にするならば、クラフト紙でサラミをしっかりと包んで湿度を保ちながらゆっくり水分が抜けるようにして室温（理想は14℃）に吊っておくと良いでしょう。

第4章

生ハム、ハム、ベーコン

塊の肉を使った製品を作ります。

まず肉を塊のままで塩漬して加工していきます。塩漬の方法は、直接塩をすり込む「乾塩法」と、塩漬液に漬け込む「湿塩法」があります。

「乾塩法」は小さな塊や薄いものや、乾燥させていく生ハムのようなものに向きます。

「湿塩法」はハムやベーコンに向き、穏やかに塩分が均等に浸透していくことで肉にストレスがかかりませんし、安定した製品ができます。

同じ部位の肉でも塩(ここではNPSを使用)の量を変えることでベーコンを生ベーコン(パンチェッタ)に、鴨のスモークを鴨の生ハムにと作り分けることもできます。その場合は塩の量に意味があるので、しっかりと確かめてください。

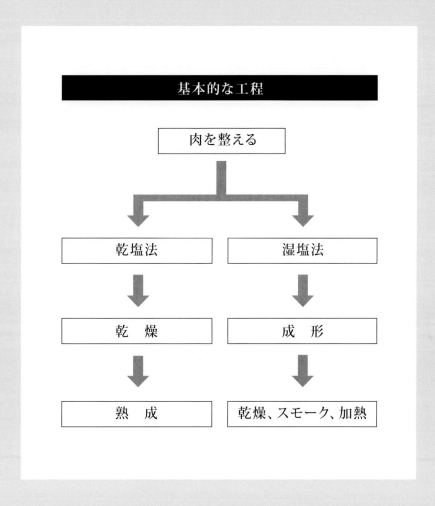

コッパ
Coppa（伊）

イタリアの生ハムの一種です。南イタリアでは「カポコッロ」とも呼ばれています。

豚モモ肉の生ハムは乾燥に時間もかかるため、手軽に肩ロース肉で出来るコッパを選びました。塩漬してから牛の盲腸に詰め、熟成乾燥していきます。

3か月くらいで仕上がってきますが、しばらく熟成を進めていくと旨味ものってきます。乾燥が進むのが気になるようでしたら、真空パックして熟成させてもよいでしょう。

材料（主材料1000gあたりで表示）

A
- 豚肩ロース肉…1000g
- NPS（または食塩）…30g

B
- 砂糖…3g
- 黒胡椒（粒）…1g
- ジュニパーベリー（ホール）…1g
- コリアンダー…1g
- ローリエ…1/2枚

赤ワイン…適量

ケーシング
- 牛の盲腸、人工ケーシング

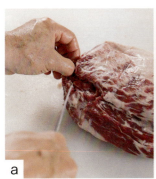 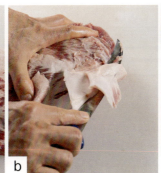 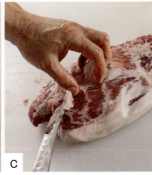 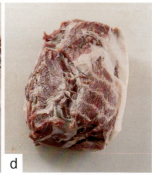

a b c d

肉の下処理をする

1. 豚肩ロース肉の余分な脂やいびつに出っ張っている肉を削り、凹凸の少ない塊肉にする。
※凹凸があると雑菌が繁殖しやすく、腐敗や変敗の原因になりやすいのです。

e f

2. 肩ロース肉を計量し、それをもとにNPSとBを計算する。それらをすり込む。

3. 真空パック（なければファスナー付きプラスチック袋で空気を抜いて）に詰め、冷蔵庫（2〜5℃）で3週間塩漬する。2日毎に上下を返す。

実践編 第4章 生ハム、ハム、ベーコン

コッパ　*Coppa*

 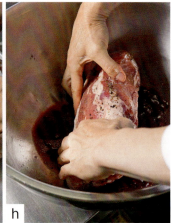
 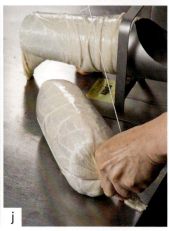

4. 3週間後、ぬるま湯で塩を洗い流し、ペーパータオルでよく水分をふき取る。
5. 表面にワインを湿らせる程度に浸す。

肉を詰める

6. 牛の盲腸に詰め、ひもがけして整形する。

7. 温度14〜18℃、湿度65〜75％の熟成庫かワインセラーで3〜6か月熟成する。

Point
熟成 **14〜18℃**

ジャンボン・ブラン（ハム ボイルタイプ）
Jambon blanc（仏）

このタイプはスモークをかけず、ブイヨンで茹でたりスチームで加熱したりして仕上げます。肉を骨付きのまま使ったり、骨を抜いてスライスしやすい塊肉にして使ったりと形状はいろいろありますが、フランスではとても一般的なハムです。加熱時に四角い型に詰めて仕上げると「ジャンボン・ド・パリ」という名前になります。
真空パックしたままで加熱すると保存性も高まるので便利ですが、芯温には気をつけてください。

ジャンボン・フュメ（ハム スモークタイプ）
Jambon fumée（仏）

日本でハムといえば、フランスとは逆にスモークされているもののほうが一般的です。とはいえ、加熱前までの肉の準備は、ほぼボイルタイプと同じです。

スモークを表面にかけると肉の香りが良くなるだけでなく、保存性もよくなります。

ただ、同じスモークハムと言っても日本ではしっとりとした食感が好まれますが、ヨーロッパではパサッとしたドライな食感の方が好まれます。

材料（主材料1000gあたりで表示）
以下、「ボイルタイプ」「スモークタイプ」に共通

A
| 豚モモ肉…1000 g
B 塩漬液（ソミュール）*…1ℓ
　＊ピックル液とも呼ばれます。
| デコクション…1ℓ
| NPS（または食塩）…55〜60g
| 砂糖…6g
| ビタミンC…2g

デコクション

水…1ℓ	タイム（ドライ）…ひとつまみ
玉ねぎ（スライス）…1/2個	クローブ…1個
人参…1/2本	ジュニパーベリー…2個
セロリ…1本	ニンニク…2個
パセリの茎…少し	ローリエ…2枚

デコクションの作り方
鍋に材料の野菜とハーブを入れ、水で1時間煮出してザルでこす。

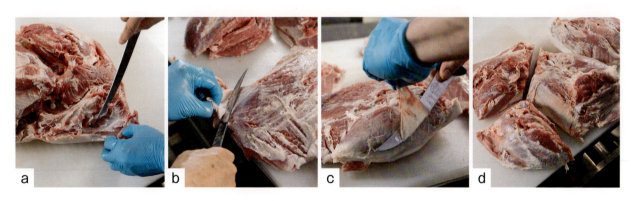

a　b　c　d

肉を下処理・塩漬する

1. 豚モモ肉を好みの大きさに切り分け、大きな筋やリンパ節、余分な脂肪を除く。
薄い筋や膜は塩漬中に柔らかくなるので残しておいてもよい。いびつな凸凹を減らし、形を整える。

e　f

2. 肉を計量して、肉1000gに対して1ℓの塩漬液（ソミュール）を作る。デコクションが足りない場合は水を足す。

ハム（ボイルタイプ / スモークタイプ）　*Jambon blanc/Jambon fumée*

g

※塩漬の事前処理として、太い針かフォークで肉全面から数か所突き刺し、染み込みやすくしてもよいです。この場合、だいたい1日に1cm程度染み込んでいくとされています（必須ではありません）。

3. 肉を塩漬する。方法は以下の2通りある。

Point
冷蔵 **2〜5℃**

塩漬方法①

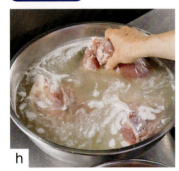
h

肉をそのまま塩漬液につけて冷蔵庫に入れる。
1000gあたり4〜6日間が目安。大きさにもよるが、だいたい2〜3週間で出来上がり。

塩漬方法②

i

肉に対してして塩漬液の全量のうち、10〜15％を注射器で注入する。その後、残りの90〜85％の塩漬液につけて冷蔵庫で塩漬する。
1000gあたり3〜6日間が目安。①の方法より早く、肉全体に均等に染み込みやすい。

成形する

4. 肉の成形方法は以下のとおり、さまざまにある。

方法①
肉の原形そのまま。

方法②

j

真空包装する（またはファスナー付きプラスチック袋に入れる）。

方法③

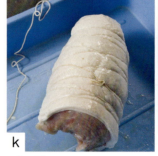
k

ひもで縛る。

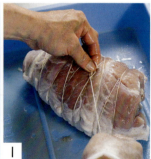
l

方法④

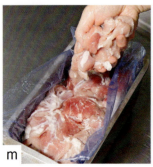
m

n

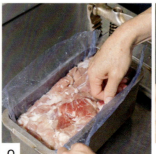
o

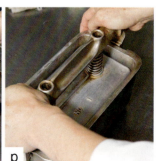
p

専用の型をぬらしてフィルムを敷き、脂身を下にして肉の塊を入れ、端肉も入れてフィルムで包む。いったんきつくふたをし、はずして肉の偏りを調整する。再びふたを最大限きつくした後、一段階緩めてロックする。

ボイルタイプの場合

方法①

スチームコンベクションオーブンで加熱する（左：真空パック、右：型詰め）

方法②

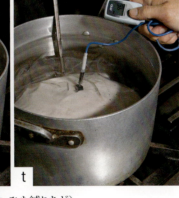

鍋で茹でる（裸のまま、真空パック、ひも縛りなど）

スモークタイプの場合

方法①

スモークハウスで乾燥、スモーク、加熱の工程をとる。

方法②

スモークハウスがない場合は、数時間から半日風に当てて乾燥させ、表面が乾いたら60℃前後の燻煙でスモークをかける。その後、スチコンまたは湯で75〜85℃の環境を作り、芯温63℃30分になるよう加熱していく。

加熱して仕上げる

5. 加熱方法は、それぞれの考えで左のようにさまざまあるが、加熱環境は75〜85℃とし、芯温63℃30分の決まりは必ず守ること。

   ※経験的に芯温が63℃になってからも上記条件の加熱を30分続けると、芯温は68〜70℃代前半まで上がります。

6. 出来上がったら、それぞれ冷蔵庫で保管する。

Point
芯温 **63℃ 30分**

Point
芯温 **63℃ 30分**

パンチェッタ
Pancetta (伊)

簡単にいうと、イタリア式バラ肉を塩漬したものですが、これを熟成乾燥させていくと生ハムのように生で食べることも出来ます。他国でも同様のものはあり、例えばフランスではラール・メイグル(lard maigre)、ドイツではシュペック(speck)と呼ばれるものがそれにあたります。ただし、スモークはかけたり、かけなかったりします。

通常、ヨーロッパには日本のような加熱タイプのベーコンは少なく、このタイプのように塩漬・生食するものがベーコンとして使われます。

ベーコン
Bacon（米）

このタイプのベーコンはあまりヨーロッパでは見かけないので、日本とアメリカ独自の食肉加工品かもしれません。本来、ベーコンとはヨーロッパの古い言葉で「ロース肉」のことを指すようで、実際のところ「カナディアンベーコン」は日本の「ロースハム」みたいなのです。

パンチェッタ / ベーコン　*Pancetta / Bacon*

材料（主材料1000gあたりで表示）
以下、NPS以外はすべて「パンチェッタ」「ベーコン」に共通

A
- 豚バラ肉…1000g

B
- NPS（または食塩）…30g
  （ベーコンの場合は20g）
- ビタミンC…1g

C
- 砂糖…3g
- 黒胡椒（ホール）…1g
- ジュニパー（ホール）…1g
- コリアンダー（ホール）…1g
- ローリエ…1/2枚

※上記をベースにして
　好みのスパイスで調整

a

b

c

d

肉を下処理・塩漬する

1. 豚バラ肉は硬い部分と、脂肪と赤身のバランスが悪い部分を切り取り、形を整える。

e

f

2. 肉の重量を量り、上記の割合でNPSとCを調合する。ミキサーかすり鉢ですべてをつぶしてなじませ、肉の表裏全体にまぶしつける。

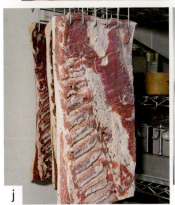

3. 真空パック(なければファスナー付きプラスチック袋に入れて空気を抜く)に入れ、冷蔵庫(2〜5℃)で熟成させる。

   パンチェッタの場合、3週間熟成させる。その間、2日おきに上下を返す。

   ベーコンの場合、1週間熟成させる。その間、2日おきに上下を返す。

   Point
   冷蔵 **2〜5℃**

4. 冷蔵熟成後、流水で表面の塩を洗い流す。スパイスは無理に洗い流さなくてもよい(見た目のアクセントになる)。

5. ペーパータオルで水分を取る。

   ※肉の隙間に水分がたまりやすいので、ていねいにふき取ってください。水が残っていると雑菌の温床になります。

仕上げる

パンチェッタの場合

6. 冷蔵庫の中に吊るし、風に当てながら3〜5日間、乾燥させる(j)。

7. 熟成庫に移し、1〜2週間熟成させる(k)。

   Point
   熟成 **14〜18℃**

ベーコンの場合

8. スモークハウスで仕上げる。スモークハウスがない場合は、数時間から半日風に当てて乾燥させ、表面が乾いたら60℃前後の燻煙でスモークをかける。その後、スチコンまたは湯で75〜85℃の環境を作り、芯温63℃30分になるよう加熱していく。

   Point
   芯温 **63℃ 30分**

9. 粗熱がとれたら冷蔵保存する。

鴨の生ハム
Magret de canard séché (仏)

鴨のムネ肉ならば、コッパやパンチェッタと同様の作り方で、短期間に生ハムを作ることが可能です。脱水シートや真空パックを使えば、より衛生面での心配は軽減されます。鴨の脂の融点は一般的に14℃と低いため、ワインセラーで乾燥熟成させる場合は脂が溶けるかもしれませんので気をつけてください。

なお、表面にパプリカや灰、ハーブをまぶすと風味も増しますし、雑菌を防げます。ここではチーズ用の白カビをつけてみました。

鴨のスモーク
Magret de canard fumée (仏)

鴨のスモークも、塩漬工程までは鴨の生ハム仕上げと同じです。ただ、塩の量と塩漬期間が違います。それらには意味があり、それを理解することが大切です。

鴨のスモークの塩漬は、味付けと発色が目的ですが、生ハムの塩漬の目的はこれらに脱水が加わります。つまり、そのために生ハムの方が長く塩漬する必要があるのです。

とはいえ、どちらも比較的短期間に仕上げることができて美味しいアイテムなので、ぜひ、試してみてください。

鴨の生ハム / 鴨のスモーク　*Magret de canard séché / Magret de canard fumée*

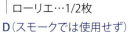

材料（主材料1000gあたりで表示）

以下、NPS、白カビ以外はすべて
「鴨の生ハム」「鴨のスモーク」に共通

A
- 鴨ムネ肉…1000g

B
- NPS（または食塩）…30g
  （スモークの場合は20g）

C
- 砂糖…3g
- 黒胡椒（ホール）…1g
- ジュニパーベリー
  （ホール）…1g
- コリアンダー…1g
- ローリエ…1/2枚

D（スモークでは使用せず）
- 白カビ（冷凍）…2g
  （1ℓのミネラルウォーターで前日に戻しておく）

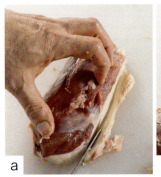

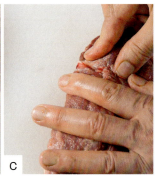
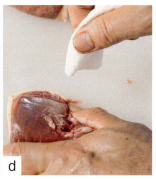

肉を下処理・塩漬する

1. 鴨ムネ肉はまず、余分な皮や脂肪、胸膜、筋を切り取る。次に血管を押さえて中に残っている血液を押し出し、クッキングペーパーで吸い取る。

2. 鴨ムネ肉を計量し、上記の割合でNPSとCを調合する。ミキサーかすり鉢でつぶして肉の表面にすり込む。

3. 肉と肉の面をあわせて2枚1組にする。
4. 真空パックに詰め（なければファスナー付きプラスチック袋に入れて空気を抜く）、冷蔵庫（2～5℃）で生ハムの場合は10日から2週間塩漬する。その間、2日毎に上下を返す。スモークの場合は3～4日間、塩漬する。

Point
冷蔵 **2～5℃**

5. 袋から取り出して、塩を洗い流す。スパイスは見た目のアクセントになるのであえて流しきらなくてもよい。
6. ペーパータオルでよく水分をふき取る。
   ※肉の隙間に水分がたまりやすいので、ていねいにふき取ってください。水が残っていると雑菌の温床になります。
7. 肉の端に穴を開け、ひもを通す。

仕上げる

鴨の生ハムの場合

8. 前日にミネラルウォーターで戻しておいた白カビ液に全体を浸す。
9. 温度14～18℃、湿度65～75%の熟成庫、または14℃のワインセラーで1～2週間、熟成する(m)。

Point
熟成 **14～18℃**

鴨のスモークの場合

10. スモークハウスで仕上げる。スモークハウスがない場合は、数時間から半日風に当てて乾燥させ、表面が乾いたら60℃前後の燻煙でスモークをかける。その後、スチコンまたは湯で75～85℃の環境を作り、芯温63℃30分になるよう加熱していく。

Point
芯温 **63℃ 30分**

11. 粗熱がとれたら冷蔵保存する。

第5章

リエット、コンフィ

リエットとコンフィは、通常、低温の油脂で調理されるもののことを指します。
それが調理方法が多様化されるにしたがい、それに準じた方法で調理されたものもリエットやコンフィと呼ばれるようになりました。
ここではシャルキュトリーらしくオーソドックスに、低温の油脂で調理します。
素材自身が持っている油脂をベースに必要な量のラードや鴨の脂を加え、香草やスパイスで香り高く仕上げることを目指します。好みで脂の量を加減しながら煮詰めたブイヨン（ジュ）を加えて、さっぱりと仕上げることもできます。

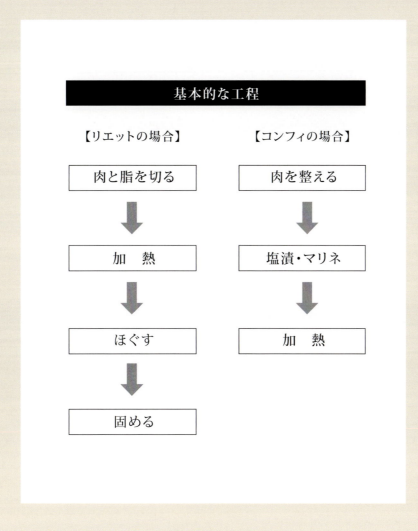

リエット・ド・ポール
Rillettes de porc（仏）

シャルキュトリーの定番の一つです。
フランスではルマンやトゥール、アンジュの街のリエットが有名ですが、まずは簡単に作れるレシピを紹介します。
柔らかでなめらかな食感にするため脂はバラやダボ脂、モモの付け根の脂（これらの脂は融点が低いため、口溶けがよい）を選んでください。冷やし固めるときに肉汁が肉の繊維の中に抱き込まれ、脂が分散するのをイメージしてください。
ここでは「きめを粗く仕上げる方法で」やっています

材料

A
- 豚スネ肉赤身…850g
- 豚柔脂肪…450g
- 　　　計…1300g

（Aは下記の配合でもよい）
- 豚スネ肉赤身…520g
- 豚バラ肉Ⅱ…520g
- 豚柔脂肪…260g
- 　　　計…1300g

B（煮詰まった主材料1000gあたりで表示）
- 塩…10g
- キャトルエピス…2g
- 胡椒…1g
- ローリエ…1枚

肉を加熱する

1. 肉と脂を3cm角に切る。
2. 鍋に脂だけを入れ、色づき始めるまで中火でソテーする。

a

b

c

3. さらに肉を加え、表面がこんがりと色づくまでソテーする。

   ※肉に焦げ目を付けると仕上がりのリエットのなかに硬い部分が残ります。これを避けたい場合は、肉は焼かず、そのまま鍋で煮てもかまいません。

リエット・ド・ポール　*Rillettes de porc*

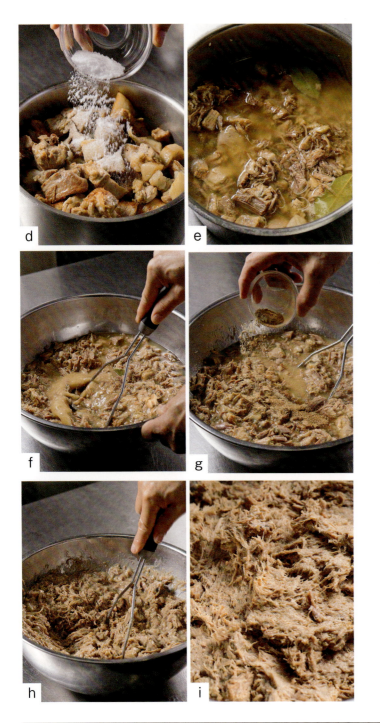

4. 大きな鍋に移し、分量の塩とローリエを入れ、水をひたひたまで加えてフタをし、弱火で6時間加熱する。最終の仕上がりが1000gになるようにする（煮詰まりそうなら水分を加える）。

仕上げる

5. 煮上がったらボウルに移し、（氷をあてて）冷ましながらポテトマッシャーで肉の繊維をほぐしていく。
6. 粗熱が取れたらキャトルエピスと白胡椒を加える。

7. ポテトマッシャーで混ぜると同時に、肉の繊維に脂をまとわせるようにして冷ましていく。
   ※ザックリとした仕上がりのリエットは、バゲットやパン・ド・カンパーニュに合います。

リエットをきめを細かく仕上げる方法

1. 肉と脂を3cm角に切る。
2. 鍋に脂だけを入れ、色づき始めるまで中火でソテーする。
3. さらに肉を加え、表面がこんがりと色づくまでソテーする。
4. 分量の塩と水を加えてコンベクションオーブンに入れ、85℃のスチームで一晩加熱する。
5. 翌日計量して肉と脂と水分の合計値が1000gになるように、固形分をザルで濾し、残りの水分を煮詰める。
6. フードプロセッサーに肉と脂を入れ、細かくなりすぎないように気をつけながら好みの状態までカッティングする。ボウルにあけ、氷をあてて冷やしながら肉と脂、さらに煮詰めた水分を加えてつないでいく。
   ※繊維が細いので、繊細で目の細かいパン（食パン、コッペパン、ベーグル等）に合います。

鴨のコンフィ
Confit de canard (仏)

ビストロの定番料理として、今では日本でもお馴染みになりました。

日本のビストロでは皮をしっかりと焼いて出てきますが、せっかく温度管理をして柔らかく仕上げた肉が、こうして火が通りすぎてパサパサになっているのをみると残念に思います。皮目をほどほどに焼いて、柔らかなホワホワ、ホロホロとした肉の食感を楽しむのもいいものです。

状態良く仕上げるには、加熱前に、肉にしっかりと塩が浸透して水分が抜けていることが大切です。また加熱時の温度を一定にすることも気にかけてください

鴨のコンフィ　Confit de canard

材料（主材料1000gあたりで表示）

A
鴨モモ肉（骨付）…1000g

B
NPS（または食塩）…17g
黒胡椒（粒）…2g
ニンニク…1片
ローリエ…鴨モモ1本に1枚
タイム…1つまみ

鴨の脂（またはラード）…適量

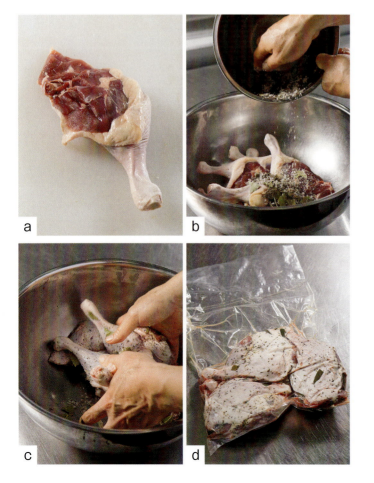

鴨肉を塩漬する

1. 鴨モモ肉は、余分な皮と骨を切り取って形を整える。軽く洗ったのち、ペーパータオルで水分をふき取っておく。
2. 黒胡椒、ローリエ、タイムをすりつぶし、ニンニクはすりおろし、塩とあわせて鴨モモ肉にすりこむ。
3. 鴨モモ肉はできるだけ空気に触れないよう隙間なく詰めて塩漬・マリネする。できれば鴨モモ肉を2枚ずつセットにして身と身、皮と皮が合わさるように真空パックにする。またはボウルかバットにきっちり詰めてラップで覆う。この状態で冷蔵庫に一晩から二晩おく。

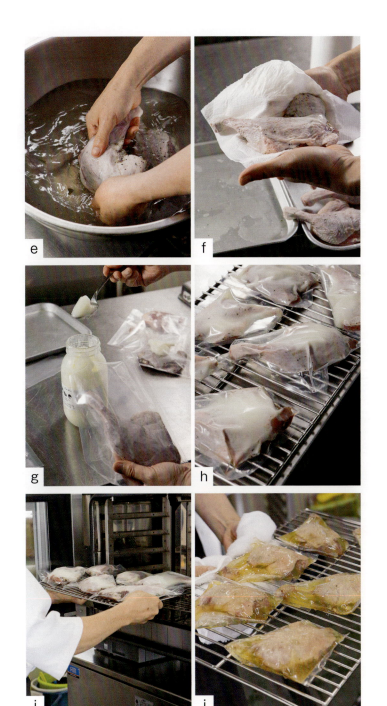

4. 塩漬・マリネした鴨モモ肉を水で洗い、ペーパータオルで水分をふき取る。

5. 真空パック1枚に鴨モモ肉1本を入れ、鴨の脂をスプーンで加え、封をする。

加熱して仕上げる

6. 75℃のコンベクションオーブンで12時間加熱する。

    ※コンベクションオーブンを使わない場合は、鍋に鴨の脂を入れて95℃まで温め、4.の鴨を入れて85〜75℃で2時間加熱します。その後火を止め、ゆっくりと余熱を利用しますが、60℃をきったらザルにあけて鴨を取り出し、脂と水分をわけ、再び鴨を脂の中に戻して保存します。

Point
加熱 **75℃**

リエット 白ワイン風味
Rillettes de Tours (仏)

リエットの発祥地といわれているトゥールに伝わるリエットです。

先のリエットは肉と塩、スパイスで作りましたが、これには玉ねぎやニンニク、ブイヨンが入ります。特徴的なのは白ワインが入ることと、色付けを強い目にして繊維も少し粗い目にすることです。

ざっくりとした感じが田舎パンやライ麦のパンに合うように思います。

材料（主材料1000gあたりで表示）

A
- 豚バラ肉Ⅱ…1000g

B
- 玉ねぎ…1個
- ニンニク…1片
- ワイン（辛口、赤ワインでもよい）…120g
- 食塩…10g
- ブイヨン…適量
- ラード…少々

C
- 胡椒…2g
- キャトルエピス（なければナツメグ）…1g
- ローリエ・タイム…各適量

ケーシング
好みの腸または人工ケーシング

肉を加熱する

1. 肉を2cm角に切る。
2. 鍋にラードを熱し、肉を入れて表面がきつね色になるまで炒める。
3. 玉ねぎとニンニクをスライスして加え、軽くソテーする。
4. ワイン半量と塩、ローリエ、タイムを加え、ふたをして3時間、弱火で煮る。途中で水分が減ってきたら、残りのワインとブイヨンを加え、調整する。

リエット　白ワイン風味　*Rillettes de Tours*

5. 3時間煮込んだところ(e)。水分がこの程度残り、肉が少しまだ硬いくらいで火を止める。
   ※中身の重量が、煮込み始める前の75％前後になるのが理想的です。

仕上げる

6. ボウルにあけ、木べら(またはマッシャー、フォークなど)でほぐす。
   ※肉の塊が少し残り、ざっくりしているほうが美味しく感じます。
7. 少し冷めてきたら胡椒とキャトルエピスを入れる。

8. 冷蔵庫で冷やし、脂肪が固まり始めたら取り出し、全体をよく混ぜ合わせる。

9. 出来上がり。

プルド・ポーク
Pulled pork（米）

世界中で今、人気の肉のペーストで、アメリカンスタイルのリエットのようなものです。リエット同様に肉の塊を長時間弱火で煮てからほぐしていきます。

バーベキューソースの中で煮上げて行く感じで、リエットに比べると幾分料理的な要素が強い印象なので、アレンジの幅も広がりそうです。

肉は何でも良く（鶏や羊等も）、繊維の粗い肉を硬めの食感で残し、煮汁も多めが美味しいです。冷製でも美味しく食べられますが、温かいほうがより美味しく食べられます。

プルド・ポーク　*Pulled pork*

材料（写真は下記の3倍量）

A
- 豚バラ肉Ⅰ…700g
- 玉ねぎ…1個
- ニンニク…1片

B
- 砂糖…30g
- ケチャップ…100g
- 粉マスタード…10g
- パプリカ…5g
- クミンパウダー…5g
- 赤ワインヴィネガー…50g
- ウスターソース…50g

エキストラバージンオリーブオイル…30g

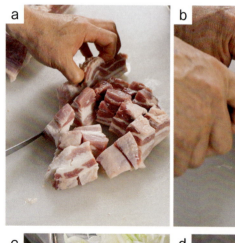

肉を加熱する

1. 豚バラ肉を3cm角に切る。
2. 玉ねぎとニンニクはスライスする。調味料Bはボウルで合わせておく。
3. 鍋にオリーブオイルをひき、ニンニクを温め、香りが出たら玉ねぎを入れて炒める。
4. 玉ねぎがしんなりしたら1.の肉を加え、弱火で5分間ほど焦がさないようソテーする。

5. 水を300g（分量外）加え、合わせておいた②の調味料を加え、ふたをして弱火で3時間半煮る。

仕上げる

6. 肉が柔らかくなったのを確かめたら、フォークかポテトマッシャーで潰す。

日本のバーベキューは網で肉や魚を焼きますが、アメリカでは密閉出来るオーブンでスモークしたり蒸し焼きをしたりします。バーベキュー料理のコンテストも盛んにあるようで、これもそんなバーベキュー料理の一つで、バーベキュー用の硬い部位の肉をスロークックしたものをほぐしたものです。ヨーロッパでは「プル・ド・ミート」として、豚だけでなく鶏や牛肉で作り、ホットドッグの具材として人気のようです。

第6章

レバーペースト

　レバーペーストとくくりましたが、世界にはレバーペーストに類似したものがたくさんあります。ドイツのレバー・ヴルスト、フランスのパテ・ド・フォア、ムース・ド・フォア、パルフェ・ド・フォアとみていくと、その人気の高さがうかがい知れます。ここでは3種類のレバーペーストを作ります。

　まず、ジューサーミキサーだけで生地を仕上げるレシピ、風味豊かで応用しやすいレシピ、アレルゲンの入らない、子どもも安心して食べられるレシピ、です。それぞれ特徴をつかみ、メニューに生かしてください。

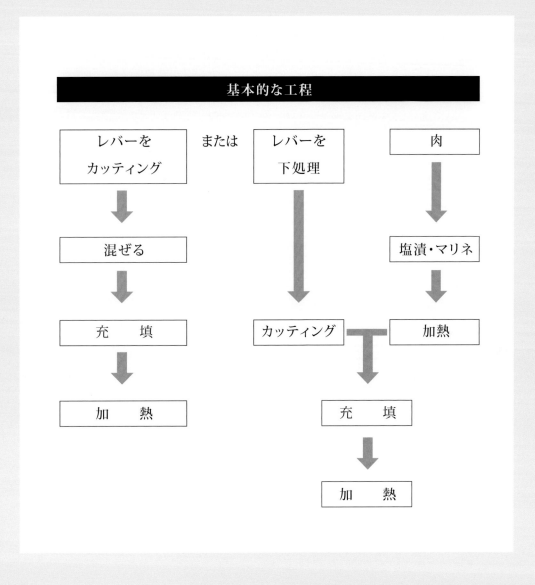

チキンレバーのムース
Mousse de foie de volaille (仏)

手軽に作ることが出来て、食べても美味しいレバーペーストです。

このレシピは、レバーも卵も生クリームもすべてが乳化剤としての役割を持っているので失敗はしませんが、唯一気をつけたいのがレバーのなめらかさです。しっかりとなめらかなピュレにするには、レバーをミキサーにかけるときにレバーだけでよくカッティングしてから塩を加えます。ここが美味しく作るコツなのです。ただし、このレシピは日持ちがしないので、早めに食べきるようにしてください。

材料

A
- 鶏レバー…700g
- 生クリーム…200g
- 全卵…3個
- 好みの酒…30g

B（主材料A1000gあたりで表示）
- NPS（または食塩）…13〜16g
- ビタミンC…1g
- 砂糖…3g
- 白胡椒…2g
- ナツメグ…2g

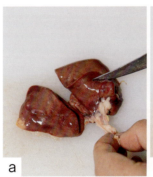
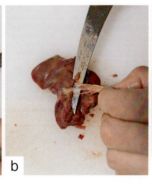
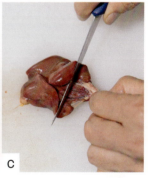

鶏レバーの下処理をする

1. 鶏レバーの血管と胆管をナイフの先でていねいにすくい出し、切り取る。

ムース生地を作る

2. ジューサーミキサーに、鶏レバーだけを入れて回し、液状にする。

チキンレバーのムース　*Mousse de foie de volaille*

3. Bを加えて混ぜたのち、生クリームを3回に分けて加え、続いて卵も同様に3回に分けて混ぜる。

4. 最後に好みの酒を加え、ストレーナーで濾して型に入れる。

加熱して仕上げる

5. 160℃のオーブンで、表面に膜が張るまで5分焼き、その後、設定温度を90℃に落とし、芯温85℃まで加熱する。

Point
芯温 **85℃**

6. 取り出したらしばらくおいて粗熱をとり、溶かしバターを表面に流し入れる。

フォアグラと鴨レバーのムース
Mousse de foie-gras et foie de canard (仏)

フォアグラが入る、香り高い鴨のレバームースです。レバーだけでなく生クリームや肉、脂が入ることでコクもあります。このレシピで気を付けることは肉と脂の扱いです。ボイル後の肉がもとの重量になるまで煮汁を足して調整することのほかに、生クリームの温度や、生クリームが煮詰まって分量が狂うようなことがないよう気をつけてください。
このムースは、レバーと肉をレバーの乳化性で高い温度で乳化させ、卵の熱変性を利用して固めます。

フォアグラと鴨レバーのムース　*Mousse de foie-gras et foie de canard*

材料

A
- フォアグラ…120g
- 鴨レバー…180g

B（主材料Aが1000gとして表示）
- 食塩…12〜15g
- 白胡椒…2g
- キャトルエピス…1.5g
- ナツメグ…1g

C＜つなぎ＞（主材料Aが1000gとして表示）
- 豚ダボ脂・豚バラ先…200g
- 豚ノド肉…150g
- 生クリーム…200g
- 白ポルト酒（または白ワインの甘口）…30g
- 澱粉…20g
- 卵…2個

コンソメゼリー液（P.230参照）…適量

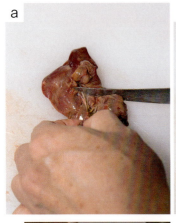
a

b

c

d

フォアグラと鴨レバーを下処理する

1. 鴨レバーの血管と胆管をナイフの先でていねいにすくい出し、切り取る。
フォアグラも同様に血管と胆管を取り除く（P.197参照。または、テリーヌを作ったときのクズを集めておくとよい）。

ムース生地を作る

2. つなぎの豚ダボ脂、豚バラ先、豚ノド肉（計350g）はそれぞれ1cmぐらいの角切りにする。約85℃のブイヨンか湯で5分茹でた後、固形物を計量し、元重量の350g（フォアグラ＋鴨レバーが1000gの場合）になるように煮汁を足す。保温しておく（50〜60℃）。

Point
保温 **50〜60℃**

3. フードプロセッサーにフォアグラと鴨レバーを入れてカッティングする。なめらかになればBを加え、さらにカッティングする。

4. 保温しておいた2.を加え、高速回転でカッティングする。

5. 4.がなめらかなペーストになったのを確認したら、60℃に温めておいた生クリームを加えて軽くカッティングする（カッティング終了時46℃以上が望ましい）。

Point

生クリーム **60℃**

6. 澱粉を加えて回し、卵を加えてさらにカッティングする。

7. 最後に白ポルト酒を加える。

加熱して仕上げる

8. 型に流し入れ、130℃のコンベクションオーブンで芯温が80℃になるまで加熱する。

Point

芯温 **80℃**

9. 粗熱が取れたらコンソメゼリー液（P.230参照）を上に流し、固める。

レバー・ヴルスト
Leber wurst（独）

ドイツでは一般的なレバーペーストです。

ボイルした肉を、ピュレ状にしたレバーでつなぎます。レバーにはリポタンパク質が含まれていて、タンパク質側面からは熱凝固もしますが、卵のレシチン（リン脂質）や牛乳のカゼイン（リンタンパク質）のように乳化剤としての役割を果たします。ここでは、レバーの熱変性の特性を利用して砂利と砂利の間を埋めてコンクリートにするセメントのような役割を期待しますが、肉から出た脂肪を表面に浮かさないためにもレバーの乳化性は重要です。

これも高い温度の乳化なので、しっかりと乳化させるために調理工程ごとの温度をチェックしてください。

材料（主材料1000gあたりで表示）

A
| 豚レバー（または鶏レバー）…250g
| 豚バラ肉Ⅱ…750g
   計…1000g

B
| レバー用NPS（または食塩）…4.3g
| 豚バラ肉用NPS（または食塩）…12.7g
| レバー・ヴルストスパイス…5〜7g
| または｜白胡椒…2g
|　　　　｜ジンジャーパウダー…0.5g
|　　　　｜カルダモン…0.3g
|　　　　｜メース…0.5g

はちみつ…2g
バニラエッセンス…0.1g

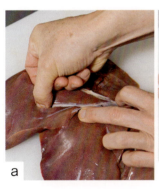
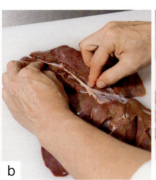

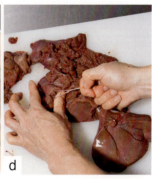

豚レバーの下処理をする

1. 豚レバーから血管と胆管を取り除く。親指の爪を立てて血管や胆管に沿って指をすべらせ、管を切らないようにていねいに、しごくようにしてレバーをはずしていく。胆汁で緑色に染まった部分があれば取り除き、いったん冷やしておく。
※毛細血管は先になるほど細くなり、切れやすいので先端から意識して外していく。

豚バラ肉を準備する

2. 豚バラ肉に豚バラ肉用のNPS（または食塩）をよく混ぜてラップする（または、真空パックする）。冷蔵庫で24〜48時間塩漬する。

レバーブルスト　*Leber wurst*

3. ひたひたの水(またはブイヨン)で、弱火で1時間、茹でる(真空パックの場合は、そのまま85℃のスチームで90分加熱してもよい)。一度、煮汁と分けて肉を計量し、そののち元重量の750gになるよう煮汁(上の脂部分を中心に)を足す。保温しておく(50～60℃)。

Point
保温 **50～60℃**

ペースト生地を作る

4. フードプロセッサーのボウルを冷やしておく。レバーを加え高速回転で1分程カッティングする。レバーが液状になって泡が出てきたら一度止め、レバー用のNPS(または食塩)を加える。さらに高速回転で1分ほどカッティングしてからボウルにあける。

5. いったんきれいにしたフードプロセッサーのボウルに3.の保温しておいた肉だけを入れ、細かくなるまでカッティングする。煮汁、スパイス、はちみつを加えてさらになめらかになるまでカッティングする。

6. 4.のレバーを5.のフードプロセッサーに戻して、全体が均一になるまで再びカッティングする。

7. 仕上げにバニラエッセンスを加え、ひと混ぜする(この時、46℃以上が望ましい)。

加熱して仕上げる

8. 型(または、チューブやソーセージのケーシング)に入れ、85℃設定のスチームコンベクションオーブンで芯温が75～85℃になるまで加熱する。

Point
芯温 **75～85℃**

第7章

ゼリー寄せ

ゼリー寄せには、ゼラチンを加えて固めるものや、肉がもっているゼラチン質（骨、筋、皮由来）で固めるものがあります。

ゼラチンとは、肉のタンパク質の一種のコラーゲンが、加熱することによって変性して水分に溶け込んだ状態のものを言います。

肉がもっているゼラチン質を利用する場合は、加熱温度に気をつけてください。ゼラチン質の主成分のコラーゲンは56℃くらいから変性を始めますが、実際は70～85℃くらいが変性しやすく、それ以上の温度になると肉、骨、筋、皮が保持しきれず煮汁に溶け出ていきます。

肉、骨、筋、皮の中にゼラチン質を留めたければ85℃以下で、煮汁に溶け出させたいなら90℃以上で加熱すると良いです。本章ではこのバランスをはかりながら85℃前後で加熱しています。

加熱時間と温度が製品の仕上がりに直接影響します。まずは自分が作りたいモノの仕上がりを意識して調理を始めてください。

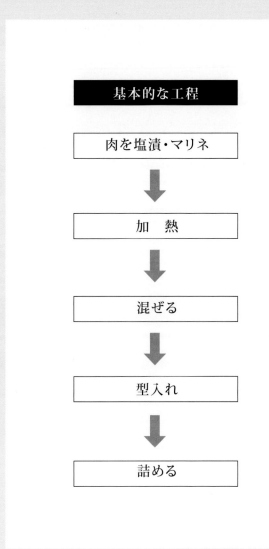

コンビーフ
Corned beef (独)

日本でコンビーフというと缶詰が一般的ですが、欧米でコンビーフというと塩漬けした生肉や、それを茹でただけのものを指します。

ここで紹介するのはドイツ式のコンビーフです。缶詰のコンビーフは脂で固めているような印象ですが、ドイツ式は肉自体のゼラチン質で固めます。

ドイツのレシピではさらに豚皮を20％加えますが、ここではその代わりに日本人向けにゼラチンを使うレシピにして、くどくならないようにしています。肉から脂を取りきらず、少し残す方が味も香りもよいです。お試しください。

材料（主材料1000gあたりで表示）

A
牛赤身肉…1000g

B
NPS（または食塩）…18g
胡椒…3g
ビタミンC…1g

ゼラチン（粉）…適量

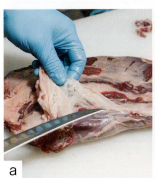
a

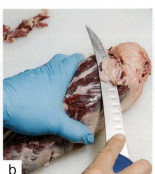
b

c

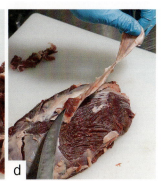
d

牛肉を下処理・塩漬する

1. 牛肉から大きな筋と脂を取り除く。細かな筋や脂は残っている方が美味しい。
2. 肉を3cm角に切ってボウルに入れ、Bを加えて混ぜる。
3. ラップし、冷蔵庫で2～3日塩漬する。
   ※真空パックにして2～3日冷蔵庫においても良いです。

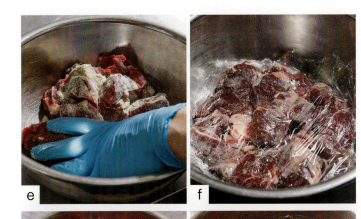
e f g h

加熱調理する

4. 肉を鍋に入れ、ひたひたの水を加えて85℃前後で3時間茹でる。肉は硬めが美味しい。
   ※真空パックのものは、そのままスチームコンベクション85℃で3時間加熱してもよい。

Point
加熱 **85℃ 3時間**

コンビーフ　*Corned beef*

5. 肉と煮汁を分け、肉の重量を計る。もとの肉重量（1000g）にするため、不足分量の煮汁を計量して用意しておく。

6. 肉は手でほぐす。フォークでつぶしても良い。崩す加減は好みでよい。

7. 計量した煮汁に、好みの固まり加減になるよう適量のゼラチンを溶かし、6.の肉に加える。
    ※茹でる過程で塩味が若干薄まっているので、確認して調整してください。
    ※肉の持っているゼラチン質によって加える粉ゼラチンの量は変わります。何回か経験しているうちに加減はわかってきます。

8. 手早く混ぜ、ゼラチン液を全体に絡ませる。

形を整える

9. ロートなどを使って人工ケーシングに詰め、両端をひもで留める。または型に流し込む（右写真）。

ジャンボン・ペルシエ
Jambon persillé (仏)

ブルゴーニュ地方の伝統的な料理の一つで、復活祭に食べられることもあります。ワイン風味のゼリーで固めるこのレシピと、次の項のジャンボン・ペルシエ・ブルゴーニュもあわせて「ジャンボン・ペルシエ」と言われます。
ワインはアリゴテを使うのがよいとされていますが、辛口の白ワインでも応用できます。
エシャロットとパセリの香りを移したワインゼリーとハムが、とても爽やかなハーモニーを奏でるオードブルとなります。

ジャンボン・ペルシエ　*Jambon persillé*

材料（主材料1000gあたりで表示）

A
- 豚ウデの赤身肉の塊
  - または豚モモ肉（ランプか内モモ）…1000g
- 塩漬液（P.133参照）…1ℓ

B
- 玉ねぎ…1/2個
- ⓐ 人参…1本
- セロリ…1本
- タイム…小さじ1
- ⓑ ローリエ…2枚
- クローブ…2個
- パセリの茎…3本
- 水…1.5ℓ
- 白ワイン（辛口）…400g

C
- ブイヨン… 350g
- 白ワインヴィネガー … 25g
- 辛口ワイン（アリゴテが良い）…100g
- エシャロット…75g
- イタリアンパセリ…30g
- ゼラチン（粉）…10g

肉を塩漬する

1. 肉の塊を、ハムを作る手順で2日間塩漬する。
　→P.134参照

ハムを茹でる

2. 鍋に肉の塊*1.*（以下、ハム）を入れて、ⓐの香味野菜を粗く刻んだものと水、ワインを入れて沸騰させる。アクを取り除いたら火を弱め、ⓑのスパイスとパセリの茎を加え、静かに沸騰する状態（85℃前後）で2.5〜3時間煮る。

※ハムの芯温は70℃以上になるまで測ること。ただし、高くなりすぎないように注意してください。

3. ハムは少し硬いくらいで取り出し、そのまま冷やす。2.のブイヨンは香味野菜をのぞいてCで必要な量を鍋にとる。

4. ハムが冷めたら2cm角に切り、とっておく。

仕込む

5. ブイヨンの鍋に白ワインヴィネガー、辛口ワイン、エシャロットのみじん切りを加えてひと煮立ちさせたら塩味（分量外）を整え、ゼラチンも加えて煮とかす。

6. イタリアンパセリのみじん切りを加え、余熱で火を通す。

形に入れて固める

7. 型に、出来上がりの断面を意識しながらハムを詰め、6.のゼリー液を流し入れ、冷蔵庫で一晩、冷やし固める。

ペルシエ・ド・ブルゴーニュ
Persillé de Bourgogne (仏)

これもジャンボン・ペルシエの仲間です。

豚の皮付きスネ肉（アイスバン）を使用するレシピが多いですが、手に入りやすい豚足で作るレシピを紹介します。柔らかく茹でた皮のゼラチン質で固めます。皮のコクがくせになる味わいです。

レシピによってはハムの脂を集め、豚皮同様にフードプロセッサーでパセリやニンニク、エシャロットとペーストにしてから加熱して仕上げるものもあります。

材料

A
- 豚ウデ肉からとった赤身の塊肉
　（豚スネ肉でも可）…1000g
- 豚足…2本
- 塩漬液(P.133参照)…1ℓ

B
- 玉ねぎ…1/2個
- ① 人参…1本
- セロリ…1本
- タイム…小さじ1
- ② ローリエ…2枚
- クローブ…2個
- パセリの茎…3本
- 水…1.5ℓ
- 白ワイン(辛口)…400g

C
- ブイヨン…450g
- 辛口ワイン…90g
- エシャロット…150g
- ニンニク…20g
- イタリアンパセリ…100g
- 生クリーム…60g

※豚足からゼラチン質が出るので、ゼラチンは不要。

豚ウデ肉(赤身)を塩漬する

1. 肉の塊を、ハムを作る手順で2日間塩漬する。
　→P.134参照

豚ウデ肉と豚足を茹でる

2. 鍋に肉の塊 *1.*(以下、ハム)と豚足を入れて、①の香味野菜を粗く刻んだものと水、ワインを入れて沸騰させる。アクを取り除いたら火を弱め、②のスパイスとパセリの茎を加え、静かに沸騰する状態(85℃前後)で2.5〜3時間煮る。
※ハムの芯温は70℃以上になるまで測ること。ただし、高くなりすぎないように注意してください。

ペルシエ・ド・ブルゴーニュ　*Persillé de Bourgogne*

3. 肉をあまり煮すぎると美味しくないので、少し硬いくらいで肉が大きくほぐれる状態が良い。そのまま冷やす。
4. 冷めたら豚足は骨を外し、ブイヨンはとっておく。

5. 皮と身を細かく刻む。ハムは大きくほぐす。硬い筋や骨は取り除く。

仕込む

6. 手鍋にバター（分量外）を溶かし、cのエシャロットとニンニクをみじん切りにして弱火で炒め、ソテーする。透明になったらワインを入れてひと煮立ちさせ、豚足、ブイヨンを注ぎ2分〜3分煮る。
7. 生クリームを加え、ひと煮立ちしたら塩味（分量外）を整える。
8. さらに刻んだパセリも加え、余熱で軽く火を通す。

型に入れて固める

9. ボウルに大きく裂いたハムを入れ、8.の液を注ぎ、切ったときの断面を意識しながらテリーヌ型にハムを層にして詰める。これを何度か繰り返していっぱいにする。
10. 冷蔵庫で一晩、冷やし固める。

フロマージュ・ド・テット
Fromage de tête (仏)

豚の頭を茹で、骨を取り除き、固めたものです。フランスではとても好まれていて様々なバリエーションがありますが、アメリカ（head cheese）、イギリス（brawn）、ドイツ（presskopf）でもあるように、欧米では一般的な料理であることが伺えます。

このレシピでは豚の頭だけを調味して固めますが、コルニッションピクルスや人参、そのほかの野菜を入れて見栄え良くしても面白いです。主に冷製で、ラヴィゴットソースなどを添えて提供しますが、温製にする場合はゼリー分を少なくして押し固めると良いです。

フロマージュ・ド・テット　*Fromage de tête*

材料

A
- 豚頭…1個
- 豚タン…3ピース

- NPS（または食塩）…20g/kg

B
- 玉ねぎ…1個
- ⓐ 人参…1本
- セロリ…1/2本
- タイム…小さじ1
- ⓑ ローリエ…2枚
- クローブ…2個
- 胡椒…少々
- パセリの茎…3本
- 水…適量

C（肉、脂、皮、タンなどの合計量約4000g弱としての量）
- ブイヨン…1000g
- 白ワイン（辛口）…200g
- エシャロット…3p（150g）
- ニンニク…20g
- イタリアンパセリ…50g
- シブレット…1束
- セルフィユ…1束

D（肉などにCの調味料を合わせた総量に対して）
- 白胡椒…10g
- キャトルエピス…5g
- ナツメグ…5g

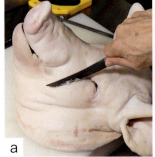
a

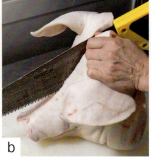
b

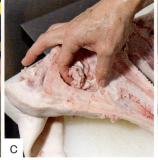
c

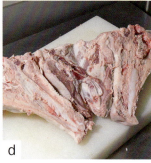
d

肉を下処理・塩漬する

1. 豚の頭を水洗いして汚れを取り、ナイフで残っている毛をそる。ノコギリで縦半分に切り、脳みそを取り除く。豚のタンは根元のリンパ節を取り除く。

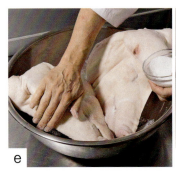
e

f

2. 豚頭を洗い計量して、20g/kgのNPSをすり込む。タンも計量して、20g/kgのNPSをすり込む。

3. ビニール袋に入れ、5℃以下の冷蔵庫で3日〜5日塩漬する。

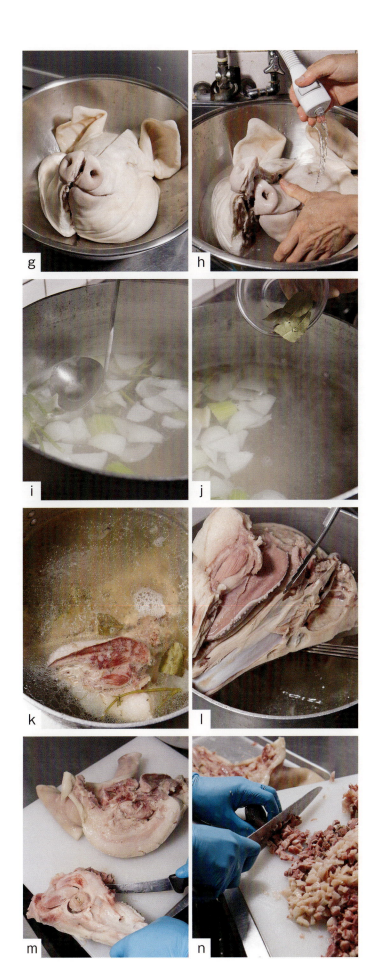

茹でる

4. 塩漬した頭とタンの塩を流水で洗い流す。

5. *4.*を鍋に入れ、ⓐの香味野菜と水を入れて沸騰させる。アクを取り除いたら火を弱め、ⓑのスパイスとパセリの茎も加え、85℃前後を保ちながら4〜5時間ゆでる。

※あまり高温にすると、豚の身からゼラチン質が流れ出てしまうので、注意してください。

Point
加熱 **85℃ 4〜5時間**

6. 豚頭とタンを取り出して冷まし、眼球、骨、軟骨、リンパ節に注意しながら身をはずす。

7. 耳、鼻、タン、脂肪、赤身、皮を大きく分け、それぞれを8〜10mm角くらいにカットする。脂と皮は細か目に、タンや頬肉は大き目に切ると良い。ここで計量してⒸを算出する（ここでは約4000g弱として表示）。

フロマージュ・ド・テット　*Fromage de tête*

仕込む

8. Cのエシャロットとニンニクをみじん切りにし、白ワインで煮て香りを出す。
ブイヨンを加え、必要であればゼラチンも足す。
※豚の頭からもゼラチン質は出ているので、様子をみてください。ここでは入れていません。

9. ボウルに刻んだ頭とタンを入れ、8.を注ぎ、Dのスパイスを加える。
10. 刻んだパセリ、シブレット、セルフィユを混ぜ入れ、余熱で火を通す。

型に入れて固める

11. 味を見て塩（分量外）を調整し、型に入れ、固める（冷蔵庫で1晩が目安）。

豚の頭1個分を使いきれないときは…

頭1個が使いきれない場合は、細かく切ってから全体を混ぜ合わせ、小分けして冷凍しておくと、ブーダンやテリーヌに混ぜ込むことも出来ます。粗く切って型に押し込みプレスして固め、ミュゾー・ド・ポール（museau de porc）を作り、スライスしてヴィネグレットソースで和えると素敵なオードヴルにもなります。

実践編　第7章　ゼリー寄せ

第8章

テリーヌ、パテ、ガランティーヌ、バロティーヌ

　この章では、まずベーシックなテリーヌ・ド・カンパーニュから始め、徐々に料理的な要素を加えて難易度を増していきますが、順を追っていけば作れます。さらに、塩漬とマリネの時間をしっかりとると、余韻のあるものが作れます。

　生地の基本は結着で、乳化の要素は少なく、温度を確かめながら作業を進めていくと難しくはなく、失敗もありません。

　何度か作ってみて、特徴のあるチーズ、ドライフルーツ、ハーブ、スパイスや酒を使い、好みの製品を作ってみてください。

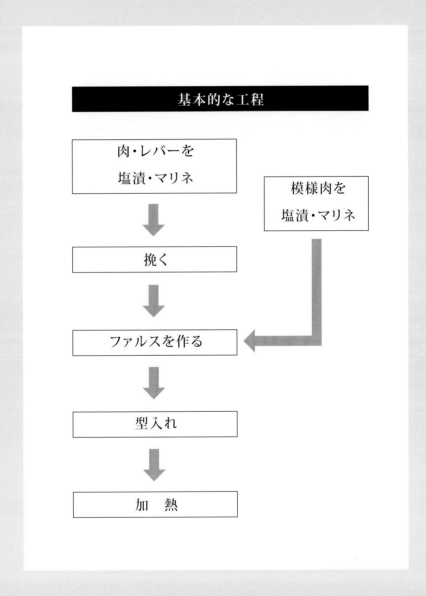

テリーヌ・ド・カンパーニュ
Terrine de campagne (仏)

テリーヌの中では最も知名度の高いアイテムです。

フランスのシャルキュトリーの規定では、豚肉と豚レバーで作ることとなっているため、別の肉やレバーを入れるなら、正式には名前も変えなくてはなりません。ここでは最もベーシックな配合を紹介します。生地の作り方には肉やレバーの一部を取り出してソテーしたり、軽く茹でたり、粗く挽いたり、ピュレにしたりなど、様々にバリエーションがありますが、まずは基本を試してから自分なりにアレンジしてみるとよいでしょう。

ポイントは豚レバーの処理を丁寧にすること。クセなく美味しく作れます。

※フランスではノルマンディー風やブルターニュ風などのように豚皮や豚頭が入るようなレシピもあります。

材料

A
- 豚バラ肉ⅠまたはⅡ…600g
- 豚レバー…300g

B
- 全卵…1個
- 牛乳…50g
- ワイン（赤）…50g

C（A＋B 1000gあたりで表示）
- NPS（または食塩）…13〜18g
- ビタミンC…1g
- リン酸塩…2g
- 砂糖…3g
- 白胡椒…2g
- キャトルエピス…2g
- ナツメグ…1g

ラード、網脂、コンソメゼリー液…各適量

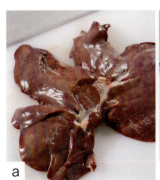
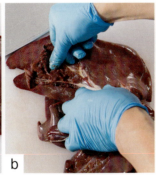
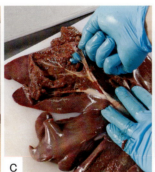

a　b　c　d

豚レバーの下処理をする

1. 豚レバーの内側（心臓が付いていた側）を上にして置き、血管を抜き取っていく。親指の先でレバーを切り開いて太いものから細い毛細血管まで一本ずつていねいに引き出し、レバーからこそげ取る感じで、レバーのそうじをする。

e　f

生地を作る

2. 3cm角に切ったバラ肉と豚レバーをボウルに入れ、リン酸塩を除くC（混ぜ合わせておく）を加え、よく混ぜる。

3. ラップを肉にぴったりと張り付け、2日間塩漬・マリネする。真空パックにできればなおよい。

テリーヌ・ド・カンパーニュ　*Terrine de campagne*

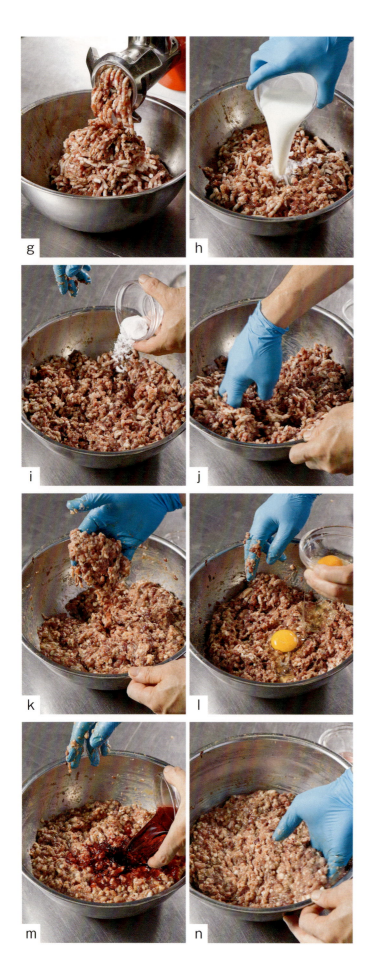

4. 2日後、6〜8mmの好みの大きさのプレートで挽く。その後2〜3時間冷やし休ませる。

5. ボウル（またはミートミキサー）に肉を入れ、牛乳を加えて混ぜる。

6. その後、リン酸塩を入れてよく混ぜ、結着させる。

7. 決着したのを確認したら（肉同士がくっついた感じがしたら）、卵を加えてよく混ぜる。

8. 卵が混ざれば赤ワインを入れる。このあとは混ぜすぎないように注意しながら、ワインを肉にしみこませる。

仕上げる

9. テリーヌ型の内側に薄くラードを塗り付けて、8.のテリーヌ生地を詰める。

10. 上の表面積より一回り大きめの網脂をかぶせ、周囲をフォークなどで中に差し込む。150～170℃のオーブンで20分焼いたのちに、温度設定を90～100℃に下げ、芯温75℃になるまで加熱する。

Point
芯温 **75**℃

11. オーブンから出し、粗熱が取れたらにじみ出ている肉汁を捨てる。

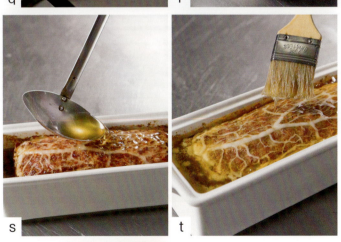

12. コンソメゼリー液を流し入れ、2～5℃で保存する。

13. 冷めてゼリーが固まったら、改めて表面に刷毛でゼリー液を塗る。

14. 縁取りにバターを絞って飾っても面白い。

網脂を張る前にタイムを一枝のせる。

テリーヌ・ド・グランメール
Terrine de grand-mère (仏)

チキンレバーと豚肉で作るテリーヌです。
テリーヌ・ド・カンパーニュに似ていますが、パンと牛乳で作るパナード(ハンバーグのつなぎのようなもの)やレバーとマッシュルーム、エシャロットで作るファルス・ア・グラタンなどが入るぶん、テリーヌ・ド・カンパーニュに比べて手間がかかりますが、それだけに洗練された味わいになります。

材料

A
- 豚バラ肉Ⅰ…200g
- 豚バラ肉Ⅱ…200g
- 鶏レバー…300g
- 　　計…700g（マリネ後Bへ、−100g）

B　ファルス・ア・グラタン
- エシャロット…50g
- マッシュルーム…100g
- イタリアンパセリ…5g
- 鶏レバー（上記より）…100g
- 　　計…255g

C　つなぎ
- 食パンの白いところ…65g
- 牛乳…160g
- 卵…2個
- 生クリーム…65g
- 　　計…390g

D（A＋B＋C1000gあたりで表示）
- NPS（または食塩）…13g
- ビタミンC…1.3g
- 砂糖…3.5g
- キャトルエピス…2.5g
- 白胡椒…2.5g
- ナツメグ…1.3g
- コニャック酒…10g
- ポルト酒…25g

背脂（シート状）、網脂、
　コンソメゼリー液（P.230）、
　ローリエ、タイム…各適量

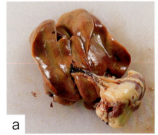 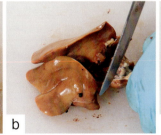 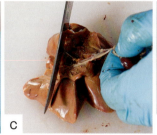 

a　　　　b　　　　c　　　　d

鶏レバーを下処理する

1. 鶏レバーは、胆のうや心臓などがついていたら切り取る。血管は指先でつかみ、小型ナイフでこそげ、切り取る。

e　　　f　　　g

生地の下準備をする

2. ボウルに豚バラ肉と下処理した鶏レバーを入れ、D（すべてを混ぜておく）を加えてよく混ぜる。香りづけのコニャック酒とポルト酒も加えてよく混ぜ、全体になじませたらラップを肉にぴったりと張りつけ、一晩冷蔵庫でマリネする。真空パックにできればなおよい。

テリーヌ・ド・グランメール　Terrine de grand-mère

ファルス・ア・グラタンを作る

3. 翌日、フライパンにバター（分量外）を入れ、粗みじんに切ったエシャロットを色が付かないようにソテーする。透明になったら少し火を強め、マッシュルームを入れる。マッシュルームに火が通ったらマリネした中から鶏レバーを一部（ここでは100g）取り出して加える。

4. 鶏レバーの表面全体に焼き色をつけて、コニャック（分量外）でフランベして火を止める。

5. 粗く刻んだイタリアンパセリを加えてすぐ、火からはなし、バットなどに広げて冷ます。（ファルス・ア・グラタンの出来上がり）
※鶏レバーの中がロゼ（ミディアムレア）に仕上がるように、火を入れ過ぎないでください。

生地を作る

6. 食パンを適当にちぎり、分量の牛乳に浸す。
7. 2.の残りすべてと5.のファルス・ア・グラタンと6.のパンを6mmのプレートで挽く。
8. ボウル（またはミートミキサー）に入れ、卵を入れてよく混ぜる。さらに生クリームを加えてよくなじませる。

仕上げる

9. テリーヌ型の内側にラードを塗り、生地を流し込む。

10. 上に背脂を張り、好みのハーブ（ここではローリエとタイム）をのせ、網脂をかぶせて一晩、味をなじませる。

11. 150〜170℃のオーブンで20分焼いたのち、温度設定を90〜100℃に落として芯温が75℃になるまで焼く。

Point
芯温 **75℃**

12. オーブンから出し、粗熱が取れたら型の中ににじみ出ている肉汁を捨てる。

13. コンソメゼリー液を流し入れ、2〜5℃で保存する。

14. 冷めてゼリーが固まったら、改めて刷毛で表面にゼリー液をぬる。

フォアグラのテリーヌ
Terrine de foie-gras（仏）

フォアグラを調味して型に詰め、加熱して仕上げます。

フランスではフォアグラを原形のままガチョウの脂でコンフィにしたもの（au confit）や布で巻いたもの（au torchon）等、たくさんのバリエーションがあります。焼き上がりの確認は、芯温を温度計できちんと計測してください。フランスでは48〜55℃の間で作られていることが多いですが、フォアグラ製品のメーカーは55〜61℃を推奨しています。

酸味のある田舎パンに合わせるのが定番ですが、バゲットはもちろん、クルミやレーズンの入ったパンともよく合います。

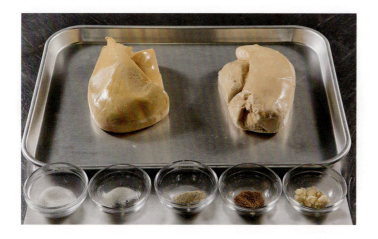

材料（主材料1000gあたりで表示）

A
| フォアグラ…1000g

B
| NPS（または食塩）…12g
| ビタミンC…1g
| 白胡椒…1g
| キャトルエピス（または、パン・デピス）…1g
| 砂糖…3g
マデラ酒、コニャックなど好みの酒…20g

トリュフ…（容器300〜400㎖あたり）1かけ

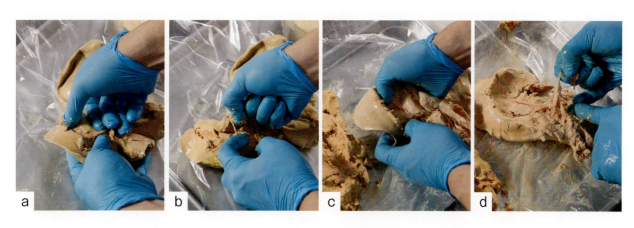

フォアグラを下処理する

1. フォアグラの内側（心臓が付いていた側）を上にして置き、血管と胆管を抜き取っていく。指先でさぐり、管の左右に爪を立てて切り開き、太い血管、毛細血管、胆管などを一本ずつていねいに引き出す。

フォアグラを詰める

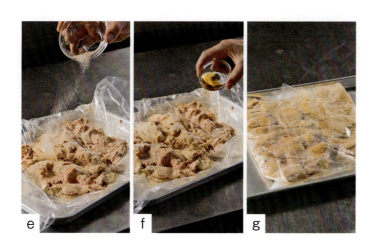

2. Bをよく混ぜあわせておき、1.の全体にふりかける。

3. さらに好みの酒をかけ、15〜20℃くらいのところに3〜5時間ほどおいて風味を落ち着かせる。

　※涼しく温度が一定している場所に置いてください。冷蔵庫に出し入れすると、このあとの工程も含め、温度変化が大きくなるためフォアグラにはダメージになります。

　※ここで真空パックして、そのままスチームコンベクションオーブンで加熱する方法もあります。

フォアグラのテリーヌ　*Terrine de foie gras*

4. ふた付きのテリーヌ型、または密閉性の高い容器に詰める。あればトリュフも入れる。
   ※テリーヌ型を、ふたなしで型ごと真空パックする方法もあります。その場合はスチームコンベクションオーブンで加熱します。

5. 60〜75℃のスチームコンベクションオーブンに（または約120℃のオーブンに湯煎で）ふたをして入れ、芯温55〜61℃まで加熱する。

   Point
   芯温 **55〜61**℃

6. 取り出して氷水をあてて冷やす（余熱を止めるため）。
   ※粗熱が取れたら、必要に応じて重石を載せ、冷やし固めてもよいです。

真空パックを使う方法

1. 工程3.の段階で真空パックして塩漬・マリネし、同様に15〜20℃くらいのところに3〜5時間ほどおいて風味を落ち着かせる。
2. スチームコンベクションをスチームモード庫内温度60〜75℃（可能なら、この幅で段階的に上げていく）で芯温55〜61℃まで加熱する。
3. 冷水でパックごと冷やし、フォアグラが固まりきらないうちにザルにあけて脂をきり、テリーヌ型に詰める。必要に応じて重石をのせて冷やし、固める。そののち上から漉した脂を流し、冷やし固めて空気を遮断する。

フォアグラテリーヌの仕上がり温度について

焼き上がりの確認は、少し前までテリーヌに直接指を突っ込んで温かければよいとか、金串を指し、それを唇に当てて個人の感覚で確認していた時代もありました。しかし、現代では衛生管理の観点から芯温は温度計できちんと計測するべきだと思います。

ただ、その温度の主張には幅があり、脂が出るか出ないか、風味のよしあしなどを基準にする意見もあります。フォアグラの鮮度やクオリティが高ければ65℃まで加熱しても脂はそれほど出ません。いづれにしても、温度は風味や食中毒菌の抑制に関係してきますので、個々の判断にゆだねたいと思います。

若鶏のテリーヌ
Terrine de poulet (仏)

日本のレストランでは少し前、鶏のムースのテリーヌがよく作られていましたが、これはそれを簡単にしたレシピです。鶏の胸肉を細かくカットしてから塩漬し、その一部をフードプロセッサーでペーストにしてつなぎに使います。このとき、好みの食材、たとえば夏だとオリーブやドライトマトに辛口のワインを利かせてさっぱりと、秋ならキノコやベーコン、ナッツにマデラ酒を加えてしっかりとした味わいにするなど応用が利くので、使い勝手のよいレシピです。何度か試してみて、自分なりのアレンジを楽しんでください。

若鶏のテリーヌ　Terrine de poulet

材料

A
- 鶏ムネ肉（皮なし）…500g
- 豚バラ肉Ⅰ…500g
- 卵…2個
- 牛乳…50g
- 白ポルト酒または白ワイン…50g
- 　　　計…1200g

B（材料Aの合計1000gあたりで表示）
- NPS（または食塩）…14〜16g
- ビタミンC…1g
- リン酸塩…2g
- 砂糖…3g
- キャトルエピス…1.5g
- 白胡椒…1.5g
- ナツメグ…1g

オリーブ…100g
エストラゴン…3g
コンソメゼリー液…適量

背脂（シート状）、ホイップバター…適量

生地の下準備をする

1. 鶏ムネ肉と豚バラ肉は、1〜2cmの角切りにする。
2. リン酸塩以外のBを合わせておいて1.に加え、よく混ぜて一晩塩漬・マリネする。

生地を作る

3. 翌日、*2.*の肉の半量を取り出し5mmのプレートで挽くか、フードプロセッサーでカットする。

4. *3.*を*2.*のボウルに戻し、牛乳を加えてなじませたらリン酸塩を加えてよく混ぜる。さらに卵を加え、最後に白ワインを加える。好みでオリーブやキノコ、野菜、ハーブ等（ここではオリーブ）を加えてバリエーションをつくる。

仕上げる

5. テリーヌ型に背脂を敷き、周辺には垂らしておく。生地を詰め、垂らした背脂を上に張り付ける。足りなければ補い、上面を覆う。

6. 一晩、冷蔵庫に入れ風味をなじませる。

7. 翌日、180〜200℃のオーブンに30分入れ、100〜110℃に落としてスチームで火を通す。芯温が70℃になるのを確認して取り出し、冷ます。粗熱が取れたら重石をして冷ます（重石はなくてもよい）。冷えて落ち着いたらにじみ出た肉汁を捨て、コンソメゼリー液を注ぎ、冷却する。

Point
芯温 **70℃**

8. コンソメゼリーが固まったら改めて刷毛でゼリー液を表面に塗り、トッピング（分量外）をする。好みで周囲にホイップバター（分量外）で飾り付けをしてもよい。

うさぎのテリーヌ
Terrine de lapin (仏)

ウサギを一羽丸ごとテリーヌにします。

まず骨と肉に分け、大きな肉の取れる部位を模様用にとっておき、端肉は豚肉と合わせてテリーヌのベース生地にします。骨と筋でブイヨン（ジュ jus）を取って、これを加えることでテリーヌにウサギらしい風味を与えます。

テリーヌのベース生地（ファルス farce）は、粗くミンサーで挽いてもよいですし、一部をペースト状（ファルス・フィーヌ farce fine）にして食感に変化を持たせても楽しいです。

材料（主材料B 2500gあたりで表示）

A＜模様肉＞
ウサギロース・モモ・ヒレ肉
　…700g
豚赤身肉Ⅰ…700g
水…100g
　　　計…1500g

B＜生地＞
ウサギ端肉…800g
豚バラ肉Ⅰ…800g
豚バラ肉Ⅱ…800g
ウサギレバー（鶏レバー）…100g
　　　計…2500g

C
NPS（または食塩）…22g
ビタミンC…2.2g
リン酸塩…4.5g
キャトルエピス…3g

D
NPS（または食塩）…46～54g
リン酸塩…6.6g
白胡椒…7.2g
キャトルエピス…3.6g
ナツメグ…1.8g

背脂（シート状）…適量
ハーブ（タイム、ローリエ、
　ローズマリーなど）…適宜

ウサギの骨、くず肉、筋など…適量
玉ねぎ、人参、セロリ…各適量

全卵…5個
辛口ワイン…250g
牛乳＋ウサギのブイヨン…250g
エシャロット…50g
ニンニク…20g
イタリアンパセリ…10g

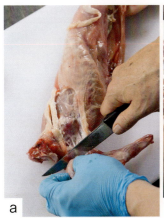
a

b

c

ウサギ肉を準備する

1. ウサギは頭を落とし、手足は付け根から落とし、内臓を取り除く。ウデ、モモ、胸肉などを順に肉と骨に分ける。ウサギ1羽から骨をはずすと1.5kg前後の肉が取れる。この肉をAとBそれぞれに分けるが、A用が足りなければ豚赤身肉Ⅰを足す。同様にB用が足りなければ不足分は豚バラ肉ⅠまたはⅡを足す。

うさぎのテリーヌ *Terrine de lapin*

2. Aのウサギのロース、モモ、ヒレなどの大きな肉や豚赤身肉を1cm角に切り、水を加えてよくもみこむ。

3. Cを加えて混ぜ、ラップを張り付けて一晩塩漬・マリネする(h)。あれば真空パックがなおよい。

ウサギのブイヨンをとる

4. ウサギの骨とくず肉、筋などを手鍋に入れ、焦がさないように色づく程度にソテーする。大きな鍋に移し替え、2～3cm角に切った玉ねぎ、人参、セロリ等を加え、水を注ぎ入れて2～3時間煮込んでブイヨンをとる。

5. ザル、クッキングペーパーなどで濾し、再びブイヨンだけを鍋に戻して100mℓ程度になるまで煮詰める。

6. 煮詰めたブイヨンにみじん切りにしたエシャロットとニンニクを入れて軽く沸騰させる。パセリを加えたら火を止めて、余熱で火を通す。

7. 6.に牛乳を加えて所定の量にし、よく冷ます。好みのハーブを加える場合はこの時に加える。

生地を作る

8. Bのウサギの端肉800gと豚バラ肉、ウサギレバー（不足分は鶏レバーで補う）を合わせ、それぞれ適当な大きさに切る。リン酸塩以外のDを合わせておき、全体に混ぜ込む。

9. ラップを張り付けて一晩塩漬・マリネする。真空パックができるなら、なおよい。

10. 翌日、9.を6mmのプレートをセットしたミートチョッパーで挽き、いったん2〜3時間冷やし休ませる。

11. 7.の牛乳入りブイヨンを加え、リン酸塩も加えて全体によくなじませる。

12. 生地が結着したのを確認してから卵を加え、さらに混ぜる。白ワインを加え、3.の模様肉も加えて混ぜる。

うさぎのテリーヌ　*Terrine de lapin*

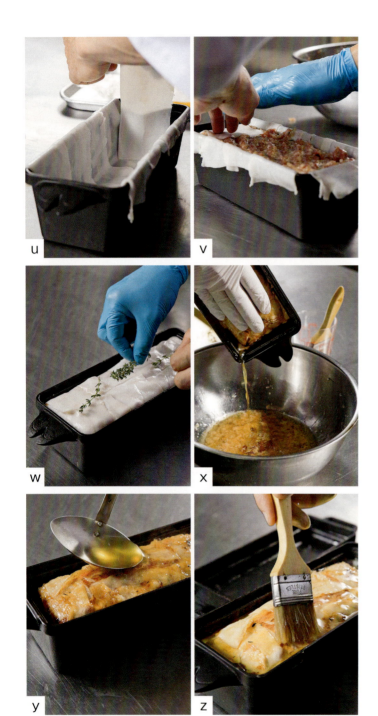

仕上げる

13. テリーヌ型に背脂を敷き詰め、はみ出た両端は垂らしておく。
14. 生地を詰め、垂らしていた背脂を上に張り付ける。不足は補い、上面をおおう。
15. 上にハーブ（ここではタイム）を飾って一晩冷蔵庫に入れ、風味をなじませる。
16. 翌日、180〜200℃のコンベクションオーブンに30分入れ、温度設定を100〜110℃に落としてさらに加熱する。芯温が70℃になったのを確認したら出して冷ます。

Point
芯温 **70℃**

17. 粗熱が取れたらにじみ出た肉汁を捨て、重石をして冷却する。
18. コンソメゼリー液を注ぐ。
19. ゼリーが固まったら改めてゼリー液を表面に刷毛で塗る。トッピング（分量外　ここではタイム、黒胡椒、ピンクペッパー）を施してもよい。

豚のガランティーヌ
Galantine de porc (仏)

このガランティーヌと次の項のバロティーヌは、テリーヌとパテくらい区別があいまいで、本によっても人によっても違う答えが返ってきます。いろいろと調べたところでは、ガランティーヌとは白い肉（豚、鶏、うさぎ、魚、仔牛等）で作り、冷製で提供するものを指すようです。ここではファルス・フィーヌ farce fine（細かなファルス）を作り、背脂のスライスしたもので巻いて仕上げましたが、お店によっては型に詰めて焼き上げたものも（例：右写真）ガランティーヌと定義していることもあります。

豚のガランティーヌ　*Galantine de porc*

材料
（仕上がりサイズ　直径9cm×長さ30cm　約1900g）

A＜模様肉＞
　豚赤身肉ⅠまたはⅡ…500g

B
　NPS（または食塩）…7g
　ビタミンC…0.5g
　リン酸塩…1.5g
　キャトルエピス…1g
　白胡椒…1g
ピスタチオ…50g

C＜生地＞
　豚バラ肉Ⅰ　1000g

D
　NPS
　　（または食塩）…20g
　ビタミンC…1.4g
　キャトルエピス…2g
　白胡椒…2g
　砂糖…4g
ポルト酒…50g
リン酸塩…3g

＜マリネ用野菜＞
　人参…1本
　玉ねぎ…1/2個
　パセリの茎…適量
　ローリエ…1枚

E
　ファルス・ア・グラタン
　　（P.229）…100g
　生クリーム…200g
　卵…100g（2個）

背脂（シート状）…適量
ブイヨン…適量

模様肉を準備する

1. Aの豚赤身肉を1cm角に切り、Bを加えてよく混ぜる。
2. ラップを肉に密着させて張り、冷蔵庫で一晩塩漬・マリネする。あれば真空パックがよい。

※写真a-4は翌日（発色後）のもの。

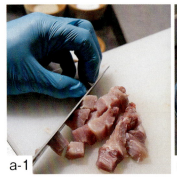
a-1

a-2

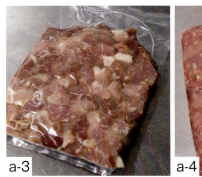
a-3

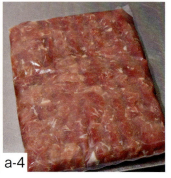
a-4

生地を作る

3. 3cm角に切ったCの豚バラ肉に、Dを加えてよく混ぜる。続いてポルト酒を注ぎ、よく混ぜる。

4. マリネ用野菜を大き目の角切りにし、*3.*の肉の間に埋め込んで一緒に真空パックし、一晩塩漬・マリネする。

5. 翌日、袋から野菜を取り除き、肉を3〜5mmのプレートで挽く。

6. 事前にフードプロセッサーのボウルと刃を冷やしておき、*5.*の肉をカッティングする。10秒回してリン酸塩を加え、なめらかになるまで回す。いったん止めて、Eのファルス・ア・グラタンと卵を加え、さらに回す。

※フードプロセッサーを止めたタイミングで、ボウルの縁や内側をきれいにこそげ落として生地をまとめてください。

豚のガランティーヌ　*Galantine de porc*

7. 約10℃をまで回したら、生クリームを2回に分けて加え、全体に生地になじんだらボウルに取り出す。

8. 別のボウルに2.の模様肉とピスタチオ50gを入れ、7.の生地をまずは少しだけ加えてしっかりなじませる。さらに少量の生地を足し、なじませる、を繰り返して模様肉が均一に広がっている生地を作る(m〜q)。(ファルス・フィーヌの完成)

成形し、仕上げる

9. クッキングシートを30㎝×50㎝に切り、その上に背脂シートを正方形になるよう二重に重ねる。
10. 長辺を横にして置き、向こう側10㎝、手前4～5㎝ほどあけて8.のファルス・フィーヌをまんべんなく広げる（直径9㎝で長さ30㎝に仕上げる場合、内容量は約1900ｇ入る計算）。
11. 手前からクッキングシートごと一気に巻き上げる。
12. ぬらしておいた布巾でさらに全体を巻き、両端をひもで縛る。続いて、中央を縛り、以下写真のような順で内容物が均等に圧力を受けるよう縛っていく。

13. 大鍋でブイヨンを85℃まで熱し、12.を入れ、80℃を保ちながら芯温が75℃になるまで加熱する。

Point
芯温 **75℃**

14. そのままブイヨンの中で冷やしてから取り出し、包みを開く。
※8.のあと、型に入れるレシピもあります。

鴨のバロティーヌ
Ballotine de canard (仏)

バロティーヌとは、一羽の鶏や鴨から骨を抜きとり、皮をつけたまま一枚に開き、ファルスを詰めてローストしたり茹でたりしたものを言います。冷製で提供するのが一般的なガランティーヌに対し、バロティーヌは主に温製で、ときに冷製でも提供します。これは伝統的でクラシックな料理として知られるだけでなく、コンテストの課題にされるなど、実力が問われる料理です。

材料（鴨1羽分で仕上げる分量）

A
| 鴨（骨付き）…1羽

B（鴨肉1000gあたりで表示）
| NPS（または食塩）…18g
| 胡椒…2g
| ナツメグ…1g

C（ファルス1200gあたりで表示）
| NPS（または食塩）…18g
| キャトルエピス…1.8g
| 胡椒…1.8g
| 砂糖…3.6g
| ビタミンC…1.2g
マデラ酒…30g

乾燥キノコ…30g
ドライトマト…20g
フォアグラ（調理済み）直径2cm×30cm…1つ
ブイヨン…適量

＜ファルス＞
| 鴨モモ肉…300g
| 豚バラ肉Ⅰ…500g
| ファルス・ア・グラタン（P．229参照）…200g
| 卵…100g（2個）
| 生クリーム…50g
| 鴨のジュ*…50g
*鴨の骨やくず肉と野菜でブイヨンを作り、煮詰めたもの（P.224参照）
　　　　計…1200g

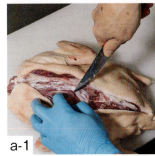
a-1

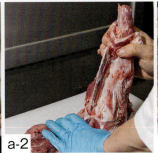
a-2

a-3

a-4

鴨の下処理する

1. 鴨は頭を落とし、手羽と脚を第一関節から落とす。皮を破らないように気をつけて背開きにする。手羽中は切り落とし、内側からチューリップを作る要領で手羽元の骨を抜き取る。脚も骨に沿って包丁の刃を入れ、肉をはずしていく。皮を切らないように骨は手で抜く。脂は残すが筋、リンパ節はそぎとる。残った肉の重量を計り、Bの調味料を準備する。

b-1

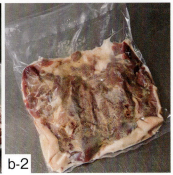
b-2

2. Bを全体にふりかけ、真空パックで一晩（できれば二晩）、冷蔵庫で塩漬・マリネする。

鴨のバロティーヌ　*Ballotine de canard*

生地を作る

3. 乾燥キノコは一晩水につけ、戻しておく。
4. 翌日ザルにあけ、戻し汁は煮詰め、キノコは水でもう一度洗ってゴミを除き、粗みじんに切る。
5. 鍋にバター（分量外）を溶かし、ニンニク（あれば。分量外）とエシャロットのみじん切り（あれば。分量外）を入れて軽くソテーしたら4.のキノコを加えてソテーし、水気を飛ばす。
6. 煮詰めた戻し汁を加え、さらに水分を飛ばす。
7. ドライトマトを加え、塩、胡椒（分量外）をする。
8. 3cm角に切ったファルス用の鴨モモ肉と豚バラ肉にCを加えて混ぜ、最後にマデラ酒を加える。ラップを張りつけて一晩塩漬・マリネする。あれば真空パックを使う。

9. 翌日、6〜8mmのプレートで8.の肉を挽き、ファルス・ア・グラタン、卵、生クリーム、鴨のジュを加え、ファルスを作る。

10. *9.* から半量をとり、フードプロセッサーで細かくしてもとのファルスに戻す。
11. 冷ました*7.* を*10.* のファルスに加え、ファルスを仕上げる(ファルスの完成)。

成形し、仕上げる

12. フォアグラをクッキングシートに包んで直径2cm、長さ30cmに成形しておく

13. 30cm×50cmのクッキングシートを広げ、その上に一晩塩漬した*2.* を皮を下にして広げる。身の厚い部分はナイフで削ぎとり、薄い場所にあてて全体の厚さを均等にする。
14. 長辺を横にして置き、鴨肉の上にファルスを広げ、フォアグラを包めるように中央をやや凹ませる。

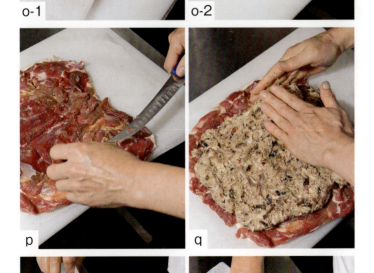

15. フォアグラが中心に来るように置いて、クッキングシートごと一気に巻き上げる。

鴨のバロティーヌ　*Ballotine de canard*

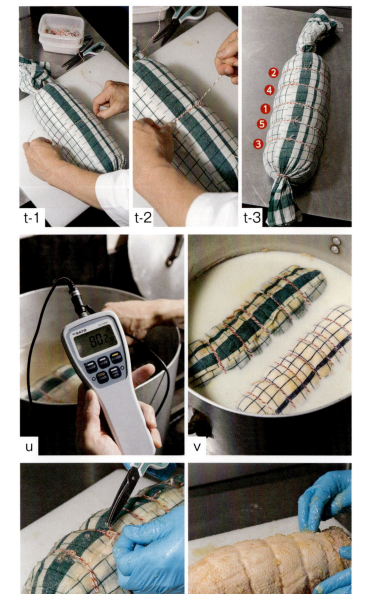

16. ぬらしておいた布巾でさらに全体を巻き、両端をひもで縛る。続いて中央を縛り、以下写真のような順で内容物が均等に圧力を受けるように縛っていく。

17. ブイヨンを85℃まで熱し、16.を入れ、80℃を保ちながら芯温が75℃になるまで加熱する。

Point
芯温 **75℃**

18. そのままブイヨンの中で冷やしてから取り出し、包みを開く。

オーブンで仕上げる

オーブンで焼いて仕上げる方法もある。この場合、クッキングシートの上からひもで縛り、160〜200℃で芯温が75℃になるまでじっくり火を通す。

ガチョウの首の詰め物　Cou d'oie farci

Cou（クゥー）とはフランス語で首のことを言います。

フォアグラやトリュフの産地のペリゴール地方には、フォアグラをとった後のガチョウの首に詰め物をした伝統的なシャルキュトリーとしてCou d'oie farci（ガチョウの首の詰め物）があります。

ここでは鴨の首を使いましたので、正しくはCou de canard farciとなります。このように首に穴や傷がなければこれをケーシングにしてファルスやソーセージを詰め、同様のものをつくることができます。ボイル、あるいはローストしてメインの料理やオードブルとして見栄え良く便利です。開口部はソーセージのように縛るのではなく縫うことが多いようです。針は手芸屋さんで代用品を手に入れることができます。

パテ・アン・クルート
Pâté en croûte (仏)

パテ・アン・クルートを直訳すると「パイにくるまれたパテ」です。完全に閉じられていたり、開けた穴からゼリーを流し込んで密封したりと、バリエーションの多さが今日の人気を物語っています。

ここで流し込むゼリーは中のパテのソースの役目もするので、フランス料理で言うところのフォンや濃いめのブイヨンをコンソメ状に澄ましたもの（本書コンソメゼリー液のこと）を使い、美味しく仕上げました。中のパテはファルスだけでもファルス・フィーヌでもよく、またファルス・ア・グラタンを10〜20％入れるとコクが出ます。

材料（主材料1000gあたりで表示）

※写真の型（6×7.5×30cm）1台分

A
| 豚バラ肉ⅠまたはⅡ…400g
| 鶏ムネ肉…400g
| 鶏レバー…100g
| 卵…100g（2個）
| 　　　計…1000g

B
| NPS（または食塩）…14〜17g
| ビタミンC…1g
| キャトルエピス…1.5g
| 白胡椒…1.5g
| 砂糖…2g
マデラ酒…20g

ピスタチオ…30g
フォアグラのテリーヌ角切り…100g
練りパイ生地（P.228参照）…800g
コンソメゼリー液…適量

卵黄液（卵黄に水を適量混ぜたもの）…適量

生地の下準備をする

1. 3cm角に切った豚バラ肉と鶏ムネ肉、さらに大きな血管と胆管を取り除いた鶏レバーをボウルに入れ、Bを混ぜ合わせてかける。マデラ酒も加えて混ぜる。
2. 真空パックして一晩、塩漬・マリネする。

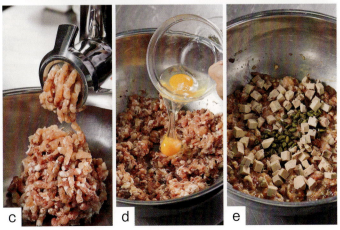

生地を作る

3. 翌日、マリネした肉を8〜13mmのプレートで挽き、結着するまでよく練る。結着したことを確認したら卵を2回に分けて加える。
4. 角切りにしてよく冷やしたフォアグラとピスタチオを加え、全体に散らすように混ぜ合わせる。

パテ・アン・クルート *Pâté en croûte*

練りパイ生地を準備する

5. 練りパイ生地を600gと200gに切り分ける。600gの方を30×50cm、3〜4mm厚さに延ばす。

6. 延ばした生地を型に敷きこむとき、重なる部分を切り捨てる。

7. 生地を型に詰め、隙間ができないように底面、内面に張り付ける。

8. 200gの練りパイ生地は上面に張り付けるため、型の上面より3mm程度大きめで、やや薄めに延ばし、余分な部分は切り捨てる。

仕上げる

9. 生地を張り付けた型に4.の生地を縁から1.5〜2cmくらい下まで入れ、表面をならす。

10. 余った練りパイ生地は1cm程度の残し、多すぎる部分は切り落とす。

11. 練りパイ生地は1cm程度内側に折り込んで刷毛で水を塗る。上から8.のパイ生地をかぶせて生地同士を接着する。

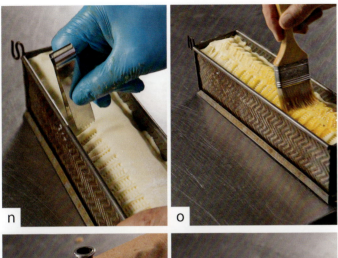

12. パイ用ピンセットでふた生地と下の生地を一緒につかんでしっかりとめる。
13. 上面に卵黄液を塗る。

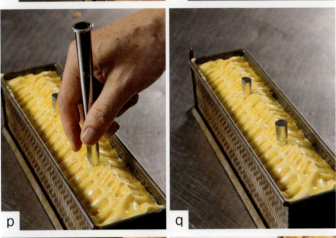

14. ふた生地に直径1～1.5cm程度の穴をあけ、アルミホイルを筒状にした煙突を付け、1時間ほど冷蔵庫で休ませる。

15. 180℃のオーブンで芯温が70℃になるまで焼いて取り出す（余熱で75℃ぐらいまで上がる）。

Point
芯温 **70℃**

16. 10分ほど休ませた後、80℃に温めたコンソメゼリー液を約100g注ぎ入れる。粗熱が取れたら冷蔵庫で冷やし固める。
17. 翌日、もう一度コンソメゼリー液を80℃に温めてパイの中がいっぱいになるまで注ぎ入れ、冷え固まったのを確認してから切り分ける。

コンソメゼリー液の温度とタイミング

ゼリー液をテリーヌやパテ・アン・クルートに流し入れるとき、一度加熱しますが、温度が高すぎてはいけません。沸騰するまで温めてしまうとゼリーの成分のコラーゲンがダメージを受け、固まる力が弱くなってしまうからです。
一般的には70℃で大丈夫ですが、私は80℃まで温度を上げています。O-157やノロウイルスにもある程度は対応できるからです。
また、出来上がったパテ・アン・クルートに流し込むタイミングは、実は人それぞれです。焼き上がって冷めないうちに流し込む人もいれば、一晩、十分冷ましてから流し込む人もいます。
本書で、焼き上がり10～20分後に流し込む、としているのは、このくらいの温度だと、焼き上がった中のファルスの肉汁と流し込んだゼリーとが混ざり合い、ゼリーの味わいがよくなるからです。
さらに、パイの中で固まったファルスが少し浮き、下に流れ込んだゼリーが下面のパイが湿気るのを防いでくれることも期待できます。

オロール風パテ・アン・クルート
L'oreiller de la Belle Aurore （仏）

パテ・アン・クルートの仲間には型を使わないものもあり、このオロール風のパテ・アン・クルートはその一つです。複数のジビエや仔牛の胸腺、さらにはトリュフまでも包んで贅沢にも複雑な味わいになり、シャルキュトリーの聖杯ともいわれている格調の高いパテです。名前の由来も、食通で知られるブリア・サヴァランの母クロディーヌ＝オロール・レカミエにちなんでいます。

サイズを大きく作るため、ファルスは正確に組み立て、パイ生地でしっかりと包まなくてはいけませんから、加熱も芯温も温度計で確実に測ってください。

材料

A
- 仔牛赤身肉…500g（模様肉…250g、ファルス…250g）
- 山うずら…3羽 ┐ 胸肉…模様肉用
- 鶏…1羽 ├ レバー…ファルス・ア・グラタン用
- ├ 筋・骨など…ブイヨン用
- 青首の鴨…1羽 ┘ 残りすべて…ファルス用
- 塩漬した豚赤身肉…300g
- 生ハム…500g
- 仔牛の胸腺肉…300g
- 豚バラ肉ⅠまたはⅡ…500g
- フォアグラ…200g

＜マリネ用＞
- 玉ねぎ（薄切り）…3個分
- タイム（小枝）…1本
- 塩、胡椒…各適量
- 白ワインヴィネガー…600㎖
- オリーブオイル…大さじ1

＜ファルス用＞（ファルス用肉1000gあたり）
- NPS（または食塩）…14〜17g
- ビタミンC…1g
- キャトルエピス…1.5g
- 白胡椒…1.5g
- 砂糖…2g
- マデラ酒…2g

＜ファルス・ア・グラタン用＞
- 生パン粉…60g
- マッシュルーム…125g
- エシャロット…125g
- （あれば）パセリ…適量

＜ブイヨン用＞
- 玉ねぎ、にんじん、セロリの茎…各適量
- ハーブ…適量

＜模様＞
- ピスタチオ…125g
- トリュフ…125g

- 練りパイ生地（P.228）…適量
- コンソメゼリー液（P.230）…適量
- 卵黄液…適量

1日め

模様肉の下準備をする

1. 仔牛赤身肉の半量を細切りにする。あと半量は、ファルス用とする。
2. 山うずら、鶏、鴨は、胸肉を細切りにする。レバーはファルス・ア・グラタン用に、そのほかの肉や皮などの可食部はファルス用としてとっておく。筋と骨はブイヨン用にする。
3. 1.と2.で細切りにした仔牛赤身肉、山うずら、鶏、鴨の胸肉に塩、胡椒をし、マリネ用の材料を上に置いて一晩マリネする。
4. 仔牛の胸腺肉は軽く茹でて水にさらし、薄皮を取り除いて重石をして一晩おく。

オロール風パテ・アン・クルート　*L'oreiller de la Belle Aurore*

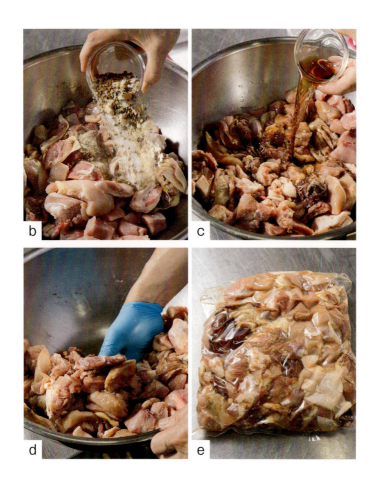

ファルスの下準備をする

5. 豚バラ肉は3cm角、フォアグラは適当な大きさにカットする。
6. *1.*、*2.*でファルス用とした仔牛赤身肉の半量、また山うずら、鶏、鴨の胸肉とレバー以外の可食部（皮も含む）、*5.*の豚バラ肉とフォアグラの総量を計量し、＜ファルス用調味料＞を計量する。
7. マデラ酒以外の調味料を合わせ、*6.*に加えてよく混ぜる。そののちマデラ酒も加え、全体をまぜて一晩、塩漬・マリネする。

2日め

ブイヨンからジュを作る

8. ブイヨン用の筋と骨はソテーして焼き色をつけ、ひたひたの水で煮出す。アクを引いたらソテーした玉ねぎ、にんじん、セロリの茎を加え、ブイヨンをとり、ハーブを加えて煮詰めてジュにする。

ファルス・ア・グラタンを作る

9. 山うずら、鶏、鴨のレバーと生パン粉、マッシュルーム、エシャロットでファルス・ア・グラタンを作る（作り方P.229参照）。
10. 5mmのプレートをセットしたミートチョッパーで挽く。

ファルスを作る

11. 7.の肉を5mmのミートチョッパーで挽く。

12. 10.のファルス・ア・グラタンと合わせてよく混ぜ、そのうちの半量をフードプロセッサーにかけて細かくし、また戻す。こうすることで、ファルスに粗い部分と細かな部分をつくり、結着の強い崩れにくいファルスに仕上げる。

13. 細かな生地と粗い生地をよく混ぜたら、8.で煮詰めた煮汁(ジュ)を加えて、さらによく混ぜる。

模様肉を準備する

14. 4.の胸腺肉を薄切りにする。
15. 塩漬した豚赤身肉と生ハムは、細切りにする。

オロール風パテ・アン・クルート　*L'oreiller de la Belle Aurore*

パテ・アン・クルートを組み立てる

16. 練りパイ生地を延ばして天板にのせ、13.のファルスを広げて仕上げたいサイズの土台を作る。
17. 薄切りにした14.の胸腺肉、細切りにした15.の豚赤身肉と生ハム、さらにマリネしておいた3.を、出来上がりの断面をイメージしながら並べ、重ねていく。

    ※重ねるハム、肉類は、それぞれに13.のファルスをまぶして置くと隙間ができにくくなります。また重ねていく途中、ピスタチオやトリュフを散らすと、食感や色合い、香りのアクセントになります。

18. ひととおり模様肉を並べたら、上からファルスをのせ、形を整える。これを何度か繰り返す。
19. 最後に残りのファルスをのせ、上面を平らに整える。

20. 上から練りパイ生地をかぶせ、中にすきまができないようにきっちりおさえる。
21. 周囲は帽子のつばのようにぴったりとくっつける。さらに指でつまんでねじるようにして半分折り返し、波形に仕上げる。指でしっかり押さえる。

22. 残りの練りパイ生地を3〜5mm厚に延ばし、ひも状に切ったり模様の型で抜いたりして、20.の上面に水で接着する。数か所に穴をあける。
23. 表面に水で薄めた卵黄液を塗る。

24. 穴にはアルミホイルを丸めた煙突を付ける。
25. 180℃のオーブンで芯温70℃まで焼き上げる。

Point

芯温 **70℃**

26. 焼きあがったら20分ほど休ませ、80℃に温めたコンソメゼリー液を煙突から注ぎ入れる。粗熱が取れたら冷蔵庫に入れ、一晩かけて冷やし固める。

3日め

27. 翌日、再び80℃に温めたコンソメゼリー液を注ぎ入れ、冷えて固まったのを確認して切り分ける。

パート・ブリゼ *pâte brisée* (練りパイ生地) の作り方

材料 (作りやすい分量)
薄力粉…375g
強力粉…250g
塩…13g
砂糖…8g
バター…225g
卵…1個
水…200g

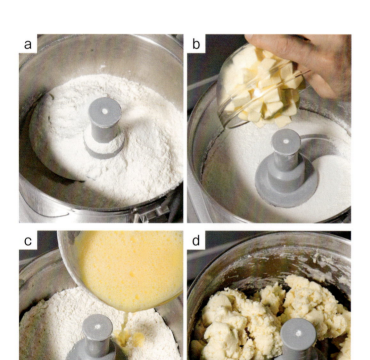

1. 薄力粉、強力粉を合わせてふるいにかけ、冷蔵庫で冷やしておく。
2. フードプロセッサーに薄力粉、強力粉、塩、砂糖を入れ軽く回す。
3. 1cm角に切ったバターを加え、そぼろ状になるまで回す。
   ※バターが摩擦熱で溶けないよう注意してください。
4. 卵を溶いて水と合わせたものを加え、軽く回す。
5. 固まりができ始めたら(d)止めて、大きめのボウルにあける。
6. 軽く練ったら、冷蔵庫でしばらく休ませる。(1時間以上)
7. 必要に応じた厚さに延ばして使う。

ファルス・ア・グラタン *farce à gratin* の作り方

材料（作りやすい分量）

エシャロット 100g
マッシュルーム…200g
ベーコン…200g
鶏レバー（ほかのレバーでも可）…300g
パセリ（あればイタリアンパセリ）…25g
鴨の脂…適量

1. みじん切りにしたエシャロットを、鴨の脂で弱火でソテーする。

2. エシャロットが透明になったら火を強くして薄切りのマッシュルームを加え、水分を飛ばすようにソテーする。

3. 5mm角の拍子木切りにしたベーコンも入れ、炒める。

4. 血管と胆管をとった鶏レバーを加え、レバーの中がきれいなピンクに仕上がるように火加減に注意してソテーする。

5. 仕上げにパセリを加える。

6. 火を止め、余熱で火を通したらボウルに移し、冷ます。

7. ミートチョッパーかフードプロセッサーで好みの質感までカットする。

ファルス・ア・グラタンは冷凍保存できるので、まとめて作って常備しておくと便利です。ファルスやファルス・フィーヌに10〜20%加えると味に深みが出ます。

コンソメゼリー液の作り方

材料（作りやすい分量）

＜ブイヨン用＞
玉ねぎ…1/2個
人参…1/2本
セロリの茎…1本
パセリの茎…3本
すじ肉…500g

A
　ローリエ…1枚
　クローブ…3個
　タイム（乾燥）…少々
　黒胡椒（粒）…少々

水…3ℓ

＜コンソメ用＞
玉ねぎ…1/2個
人参…1/2本
セロリの茎…1本
パセリの茎…3本
卵白…2～3個分
くず肉（挽き肉の端肉）…150g

B
　ローリエ…1枚
　タイム（乾燥）…少々
　黒胡椒（粒）…少々
　ブイヨン…2ℓ

まず、ブイヨンを作る

1. 鍋にざく切りにした野菜、すじ肉、水を入れて火にかける。
2. 沸騰したらアクを除き、Aのスパイス類を入れる。
3. 弱火で約5時間煮る。
4. ザルでこす。

ブイヨンのできあがり

※このままブイヨンとして使うときは、もう一度、布ごしする。

コンソメを仕上げる

5. 卵白と肉を手でもみ合わせ、スライスした野菜とよく混ぜる。4.のブイヨンを合わせる。
6. 火にかけ、70℃になるまで混ぜ続ける（固形物が浮き上がってくるまで）。

7. 混ぜるのを止めて、そのまま沸騰させる。沸騰したらイのスパイス類を入れて、3〜5時間、
8. 弱火で煮続ける。

9. 布でこす。

コンソメのできあがり

10. そのまま冷やせば、コンソメゼリー液として固まる。
    ここで硬さを確認し、ゆるいようなら使うときにゼラチンを足す。このタイミングで好みの酒類を足してもよい。

シャルキュトリーでは、煮汁として「ブイヨン」や「コンソメ」、あるいは「ジュ」が使われます。それらは本来であれば豚の皮や豚の骨、野菜、スパイスを煮込んで作られますが、本書では手に入りにくい豚皮を使用せず、肉のトリミングで出てきた筋や端肉を使ってブイヨンを取っています。
そして、卵白と端肉を使ってブイヨンを澄ませます。これだけでは味が薄いと思う場合は事前にブイヨンを煮詰めるか、筋と端肉を煮込むときに鶏ガラを加えると、美味しいコンソメになります。
もし豚皮が手に入れば、右のレシピもぜひ、お試しください。

材料（作りやすい分量）

豚皮…4kg
水…6kg
食塩…80g
玉ねぎ…1個
人参…1本
タイム、ローリエ、
クローブ、粒胡椒…各適量

本書で示したポイント温度

第1章生ソーセージは温度の記載なし

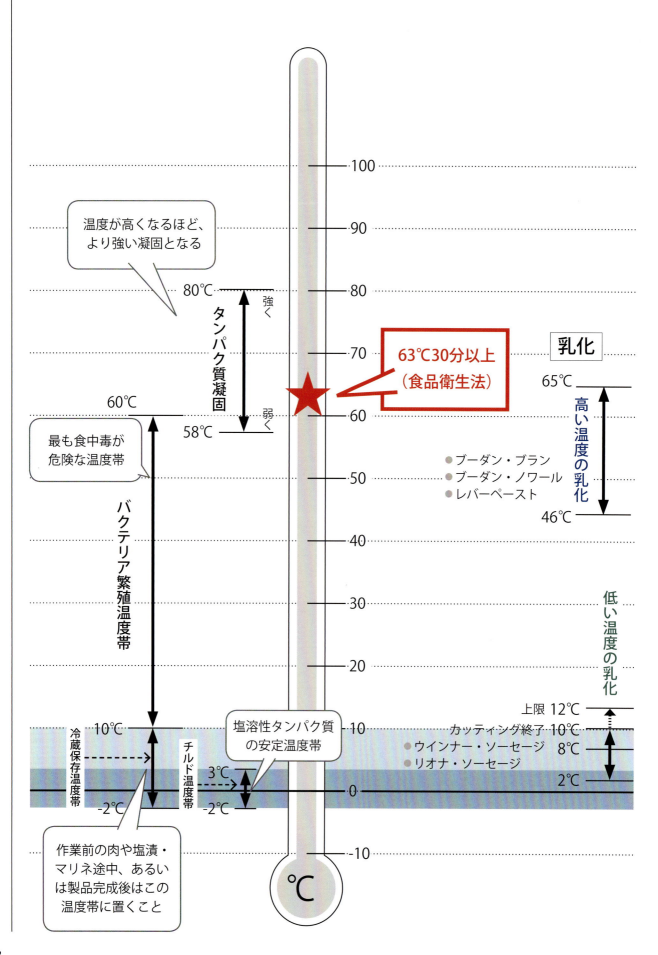

第2章 ソーセージ

製品名	加熱・加工温度	芯温確認	乳化・仕上がり	冷蔵保存
コッホ・サラミ	—	★ 70℃	—	8℃
リオナ・ソーセージ（ソーシス・ド・ジャンボン）	スチコン85℃または78℃〜75℃の湯	★ 70℃	低い温度の乳化 10℃	8℃／2℃
アンドゥイエット・ア・ラ・フィセル	90℃のブイヨン（4時間）	—	—	—
アンドゥイエット・ド・カンパーニュ	85℃のブイヨン（3＋1時間）	—	—	—
ブーダン・ノワール	豚脂ボイル 90℃〜85℃／85℃〜80℃湯	★ 70℃	—	—
ブーダン・ブラン	85℃〜80℃湯	★ 70℃	60℃ミルク／50℃以下生地の仕上がり／高い温度の乳化	—
ヴァイスヴルスト	85℃〜80℃湯	★ 70℃	45℃生地の仕上がり／高い温度の乳化／15℃	10℃
粗挽きウインナーII（クラカウアー）	85℃〜75℃加熱／70℃〜55℃スモーク	★ 70℃	—	10℃
粗挽きウインナーI（ボック・ヴルスト）	85℃〜75℃加熱／70℃〜55℃スモーク	★ 70℃	—	8℃
ウインナー・ソーセージ	85℃〜75℃加熱／70℃〜55℃スモーク	★ 70℃	低い温度の乳化	8℃
モンベリアール・ソーセージ	85℃〜75℃加熱／70℃〜55℃スモーク	★ 70℃	—	4℃
セルヴラ・リヨネ（リヨン風セルヴラソーセージ）	75℃の湯	★ 70℃	—	—

温度目盛：-10℃〜100℃／冷蔵保存温度帯：約-2℃〜10℃

★…仕上がり確認の製品中心温度（芯温）

本書で示したポイント温度

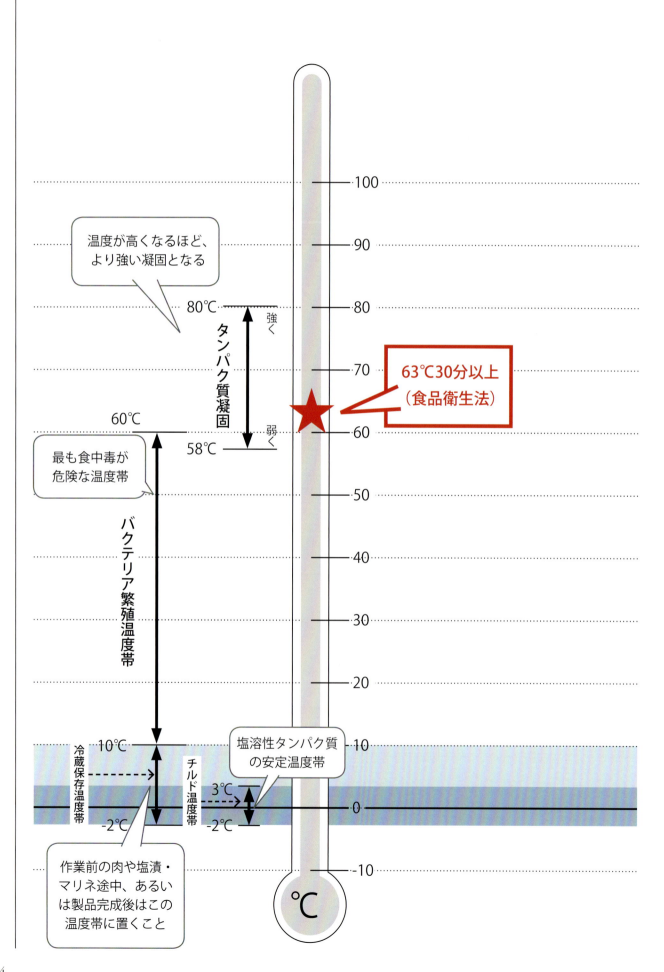

温度 (°C)	第3章 サラミ			第4章 生ハム、ハム、ベーコン							第5章 コンフィ
	ペッパーバイザー	白カビサラミ	チョリソー	コッパ	ジャンボン・ブラン（ハム ボイルタイプ）	ジャンボン・フュメ（ハム スモークタイプ）	パンチェッタ	ベーコン	鴨の生ハム	鴨のスモーク	鴨のコンフィ
100											
95〜85											95℃の脂 → 85〜75℃（2時間）または スチコン75℃（12時間）
85〜75					85℃〜75℃加熱	85℃〜75℃加熱		85℃〜75℃加熱		85℃〜75℃加熱	
70〜55					★63℃30分以上	70℃〜55℃スモーク ★63℃30分以上	70℃〜55℃スモーク ★63℃30分以上	70℃〜55℃スモーク ★63℃30分以上		70℃〜55℃スモーク ★63℃30分以上	
30〜14	乾燥20℃以下	発酵・熟成20℃〜14℃	発酵・熟成20℃〜14℃	熟成18℃〜14℃			熟成18℃〜14℃		熟成18℃〜14℃	熟成18℃〜14℃	
冷蔵保存温度帯	3℃〜2℃生地 -2℃	3℃〜2℃生地 -2℃	3℃〜2℃生地 -2℃	5℃〜2℃	5℃〜2℃	5℃〜2℃	5℃〜2℃	5℃〜2℃	5℃〜2℃	5℃〜2℃	5℃〜2℃

★…仕上がり確認の製品中心温度（芯温）

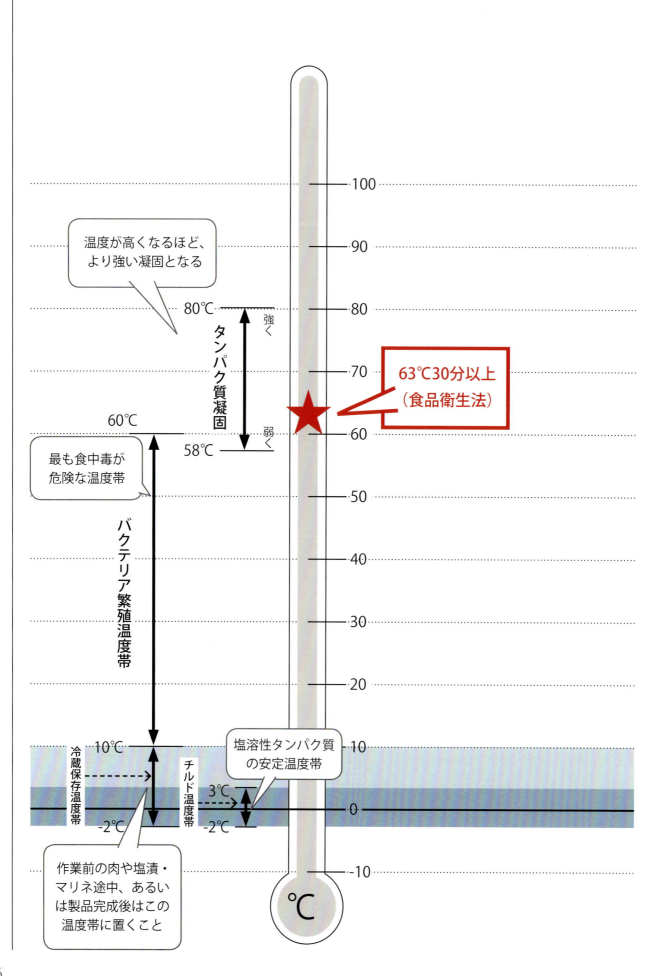

第6章	レバーペースト
第7章	ゼリー寄せ
第8章	テリーヌ、パテ、ガランティーヌ、バロティーヌ

品目	温度・工程
チキンレバーのムース	オーブン 160℃〜90℃ / ★85℃ / 60℃〜50℃ 生クリーム
フォアグラと鴨レバーのムース	スチコン130℃ / ★80℃ 高い温度の乳化 / 60℃〜50℃ 保温
レバー・ヴルスト	スチコン85℃ / ★★★ 85℃〜75℃ / 高い温度の乳化
コンビーフ	約85℃（3時間）
ジャンボン・ペルシェ	約85℃（3時間） / ★ ハム70℃以上
ペルシェ・ド・ブルゴーニュ	約85℃（3時間） / ★ ハム70℃以上
フロマージュ・ド・テット	約85℃（4〜5時間）
テリーヌ・ド・カンパーニュ	オーブン 170℃〜150℃ / (20分)→100℃〜90℃ / ★75℃
テリーヌ・ド・グランメール	オーブン 170℃〜150℃ / (20分)→100℃〜90℃ / ★75℃
フォアグラのテリーヌ	(オーブン120℃) / スチコン75℃〜60℃ / ★★★ 61℃/59℃/55℃ / 20℃〜15℃（3〜5時間）
若鶏のテリーヌ	スチコン 200℃〜180℃ / (30分)→スチーム 110℃〜100℃ / ★75℃ / ★70℃
うさぎのテリーヌ	スチコン 200℃〜180℃ / (30分)→スチーム 110℃〜100℃ / ★75℃ / ★70℃
豚のガランティーヌ	85℃のブイヨン / ★80℃ / ★75℃
鴨のバロティーヌ	85℃のブイヨン / ★80℃ / ★75℃
パテ・アン・クルート	オーブン180℃ / 80℃のゼリー液 / ★70℃
オロール風パテ・アン・クルート	オーブン180℃ / 80℃のゼリー液 / ★70℃

冷蔵保存温度帯：5℃〜2℃（10℃以下、-2℃以上）

★…仕上がり確認の製品中心温度（芯温）

おわりに

通常、欧米ではハム、テリーヌ、ソーセージをレストランが作ることはなく、シャルキュトリーは専門店から買います。私もヨーロッパのレストランにいたときは専門店に注文していました。帰国して、日本でも自分の好きなフランスの郷土料理カスレーとかシュークルートを作ろうとシャルキュトリーを探したのですが、日本ではなかなか満足いくものが入手できません。仕方ないのでたくさんの本を読み、調べ、シャルキュトリーは自分で作っていました。でも、それなりのものはできても現地のレストランで使っていたものと比べると全く比較になりません。結論として、再度ヨーロッパに行くことにしました。

改めてフランス、ドイツ、オランダの食肉加工店で働き、学ぶと、料理と食肉加工には共通する知識や技術はあるものの、根本的なノウハウ自体は大きく違うことに気づかされました。

今、日本でも多くの飲食店がシャルキュトリーを作るようになりました。ヨーロッパでシャルキュトリーを数か月研修してきたという人にもよく会います。そんな方々がこの本を読めば、おそらくそれまでの知識が整理されてさーっと向こうまで見渡せるようになると思います。そして長く私が危惧してきた「間違ってはいないけれど、正しくない知識と技術による食中毒事故」の心配も減ると思います。

シャルキュトリーは昔から保存食として作られてきたことから、保存の効く便利な食品として扱われますが、そのためにはそれなりの作り方をしなければなりません。美味しいからといって加熱時間や温度を自己流にしたり、薄い塩分で作って扱いを間違うと大きな事故や食中毒にもなりかねません。食品である以上、美味しい以前に安全が優先されなくてはなりません。であれば、シャルキュトリーという仕事に関わるには料理的な知識だけでなく、細菌やウイルス等をコントロールする化学や生物の知識、徹底した衛生管理の知識と意識も必要になります。

シャルキュトリーは料理と違い、工程ごとにチェックポイントもはっきりしていてHACCPの考え方に通じる点も多数あります。難しいと頭から面倒がらず、この機会に理解して実践しておくとHACCPも導入しやすくなります。ぜひ、一度手元に引き寄せ、理解してください。

日本と欧米とでは衛生基準も違いますし、専門店と飲食店では材料も器具も違いますから制約も多いとは思いますが、一度本書で基本をなぞってみてください。私自身もこれらオリジナルレシピを整理していくうえでいろんな気づきがあり、すごくよい経験になりましたし、リンデンバームのレシピを見直すきっかけにもなりました。もしアレンジするなら、変更点を1回に一つずつにすると、いいことも悪いことも気づきやすく、修正が容易です。

今、情報はネットでもなんでも簡単に手に入りますし、本を読んだだけでもわかったような気分になれます。けれど、ベースに経験がないと知識も本当の意味では読み解けず、活用できません。私も長い年月のQ&Aを自分の中で繰り返したおかげで今日の知識の整理があると思っています。

ソーセージ作りは楽しい仕事です。高級なコース料理と違って、ソーセージは近所の子どもから久しぶりに会ったおばあちゃんまで、誰もが口にしてシンプルに「美味しい」と言ってくれる素朴な食べ物です。きょうも、店の前を行き交う人を見ながらソーセージを作れることを幸せに思います。
そんな日々の気づきを1冊にまとめるにあたって、カメラマンの東谷幸一さん、編集の松成容子さんはもとより、長い期間、協力してくれた職場のスタッフたち、そして妻の誉子に、心から感謝の意を伝えたいと思います。

2018年11月

吉田　英明

参考資料

- L'encyclopédie de la charcuterie
  (Alain Juillard et Jean-Claude Frentz)

- Le livre du compagnon charcutier-traiteur
  (Jean-Claude Frentz et Michel Poulain)

- Les base de la charcuterie
  (André Delplanque et Serge Cloteaux)

- Die Fabrikation feiner Fleisch- und Wurstwaren: Das Standardwerk zur traditionellen Herstellung von Fleischerzeugnissen(Produktionspraxis im Fleischerhandwerk)
  (Hermann Koch und Martin Fuchs)

- ausgezeichnete deutsche wurst rezepte
  (Hans Holzmann Verlag)

- Fachkunde für Fleischer　Band 2
  (H.;Hirche,P.Marienhagen)

- 今さら聞けない肉の常識
  （平野正男、鏡　晃著）　食肉通信社

- 高度・高品質　食肉加工技術
  （岡田邦夫著）　幸書房

- 改訂新版　食肉製品の知識
  （鈴木　晋、三枝弘育著）　幸書房

- 肉の機能と科学
  （松石昌典、西邑隆徳、山本克博編）　朝倉書店

- 最新畜産物利用学
  （齋藤忠夫、西村敏英、松田　幹編）　朝倉書店

吉田 英明
よしだ　ひであき

1962年京都生まれ。レストランを家業とする家で育つ。幼少期より本が好きで家にある文学書や専門書（庭、鯉、フランス料理の本）を読みあさる。小学高学年に秋山徳蔵の本に感銘を受け、フランスでの料理修行を心に描く。高校に進学するが卒業を待ちきれず、京都の老舗ホテルで修行を始める。1983年、チャンスがあり渡欧するも1985年に実家の事情で帰国し京都のホテル、レストランで働く。30歳でシャルキュトリーに興味を持ち始め、1993年に再び渡欧。フランス、ドイツ、オランダのシャルキュトリー、メッツゲライで修行ののち1995年に帰国し、工場長としてハム工場を立ち上げる。1997年、独立してレストランを開業。2009年、それまで12年間営業したレストランを業務転換し「シャルキュトリー　リンデンバーム」を開業。現在に至る。

シャルキュトリー　リンデンバーム

〒606-8395
京都府京都市左京区東丸太町41-6
tel & fax：075-751-0786

- 企画・制作　　有限会社たまご社
- 編　　集　　松成　容子
- 撮　　影　　東谷　幸一
- アートディレクション　佐藤　暢美（ツー・ファイブ）
- デザイン　　佐藤　暢美／榎阪　紀子（ツー・ファイブ）

協力一覧（五十音順）

- 株式会社アイマトン：0125-24-1105
（食肉全般　グースファット、背脂シート等）
- 株式会社アルカン：03-3664-6511（輸入食品全般）
- 有限会社マル利陶器：0572-22-2714（食器、皿、テリーヌ型等）
- 株式会社エフ・エム・アイ：0120-080-478（調理機器）
- 株式会社なんつね
（食肉加工機械全般製造販売、スパイス、添加物、ケーシング類販売）
  - 食肉加工機器類：072-939-1500
  - 調味料、スパイス、添加物：072-976-6860
  - ケーシング類：072-976-6860
- ラプス・ジャパン株式会社：045-640-0677（スパイス輸入代理店）
- SKWイーストアジア株式会社：03-3288-7351
（塩、スパイス、添加物輸入代理店）
- 株式会社第一化成　大阪オフィス：06-6943-1761
（添加物、調味料類製造メーカー）

写真協力
- SKWイーストアジア株式会社（P.14）

本場の味が出せる
シャルキュトリーの本格技術

2019年1月29日　初版発行

著　者　　吉田　英明
　　　　　よしだ　ひであき
発行者　　早嶋　茂
制作者　　永瀬正人
発行所　　株式会社 旭屋出版
　　　　　〒107-0052
　　　　　東京都港区赤坂1-7-19 キャピタル赤坂ビル8階
　　　　　電　話　03-3560-9065（販売）
　　　　　　　　　03-3560-9066（編集）
　　　　　F A X　03-3560-9071（販売）
　　　　　郵便振替　00150-1-19572
　　　　　旭屋出版ホームページ
　　　　　http://www.asahiya-jp.com

印刷・製本　大日本印刷株式会社

※禁無断転載
※許可なく転載、複写ならびにweb上での使用を禁じます。
※落丁本、乱丁本はお取り替えいたします。

ISBN978-4-7511-1365-3　C2077
©Hideaki Yoshida & ASAHIYA SHUPPAN CO.,LTD.2019 Printed in Japan